A communiquer

§12-
§13

LE GRAND ET DERNIER
SOLYMAN
OV LA MORT
DE
MVSTAPHA

TRAGEDIE.

PAR MONSIEVR MAIRET.

Repreſenté par la troupe Royalle.

CVRVATA RESVRGO

A PARIS,

Chez AVGVSTIN COVRBE', Libraire & Im-
primeur ordinaire de Monſieur Frere du Roy,
au Palais en la petite ſalle a la Palme.

M. DC. XXXIX.

AVEC PRIVILEGE DV ROY.

A

TRESHAVTE

TRES VERTVEVSE,
ET TRES INCONSOLA-
ble Princeſſe, Marie Felice des
Vrſins, Ducheſſe de Mont-
morency.

MADAME,

Ie me declarerois tout à
fait indigne de la nourriture
que ie me glorifie d'auoir priſe aupres de
voſtre Grandeur, & des incomparables
bien-faits que i'ay receus de feu Monſei-
gneur de tres glorieuſe & tres pitoyable
memoire tout enſemble : Si pour ſatisfai-
re à mon deuoir, ie ne tirois de temps en
temps de mon eſtude & de ma plume,

ainſi que ie fay tous les iours de mon
cœur, & de ma bouche, des teſmoigna-
ges authentiques de ma recognoiſſance
& de mon zele. C'eſt par cette puiſſante
raiſon (MADAME) que n'ayant iamais
eu de plus forte ny plus legitime paſſion
que celle de vous obeyr, & de vous plaire :
ie m'expoſe neantmoins au hazard de
vous eſtre importun, en vous diuertiſſant
pour quelque temps de la continuelle me-
ditation des choſes du Ciel, & de voſtre
malheur, hors de laquelle il ne ſemble pas
que voſtre eſprit deſolé puiſſe trouuer aucun repos ; Il eſt vray qu'ayant à vous demander vne ou deux heures pour la lecture de quelqu'vn de mes Poëmes, i'ay pour
le moins apporté cette circonſpection à
cettui-cy, que de ne le faire pas d'vne nature qui fut tant ſoit peu contraire à celle
de voſtre humeur preſente, qui ne ſe plaiſt
qu'aux choſes triſtes : en effet, MA-
DAME, l'ineſtimable perte que vo
auez faite auec toute la France, de l'vn
des plus grands hommes qu'elle ait iamais
portez, ne pouuoit eſtre bien teſmoignée

quepar vn dueil pareil au voſtre, qui fait
honte generalement à tout ce que la fable
& l'hiſtoire nous racontent d'vne Porcie,
d'vne Penthée, d'vne Alceſte, & d'vne
Artemiſe; les plus fameux exemples que
nous ayons de la douleur & de la foy des
plus honneſtes femmes; apres la mort de
leurs maris ont ils des circonſtances &
des merueilles qui puiſſent eſtre iuſtemét
comparées à celles que la force de voſtre
Amour nous a produites depuis ſept ans?
Non certes, MADAME, car s'il eſt vray
que l'Amour & la Vertu ſeules peuuent
produire ces miracles, il eſt veritable auſſi
que pour leur conſeruation & leur durée,
elles ont encore beſoin d'vne certaine diſ-
poſition d'ame cōme la voſtre, & laquelle
parauanture ne ſe rencontra pas toute en-
tiere en celles de ces illuſtres Heroines.

Dans le vif ſentiment d'vn inſigne malheur,
La flame quelquefois eſt bien toſt aualée
Ayſement par le fer on finit ſa douleur,
On boit la cédre eſteinte, on dreſſe vn Mauſolée.

Mais viure de regrets, & nourrir vn tourment,
Auſſi fort en ſon cours qu'en ſon commencement,

Ou garder iour & nuict en parfaite Vestale
Ce feu dont vous bruslez, pour vn parfait Espoux;
C'est vn acte d'Amour, & de foy coniugale
Que nul autre n'esgale,
Dont la production n'appartenoit qu'à vous.

Il faut aduoüer (MADAME) que l'on remarque en vous depuis sept années vne maniere de s'affliger si particuliere, que sans participer où du desespoir, où de la rage, elle a neantmoins toutes les marques essentielles d'vne tres-grande, & tres veritable douleur : vous auez apporté ce merueilleux temperament à l'impetuosité de vostre dueïl, que de le maintenir tousiours dans toutes les reigles les plus estroites que la vertu, l'amour & le deuoir puissent prescrire aux plus belles ames, en de pareilles infortunes, sans toutesfois vous esloigner iamais de celles de la Philosophie Chrestienne, dont la rigueur ne s'estend pas iusques à nous defendre de regreter les creatures, pourueu que nous le fassions auec vne parfaite resignation de nos volontés à celle du Createur : Aussi dans les plus violents accez de

voſtre mal; on ne vous à point ouy mur-
murer ny, contre les decrets du Ciel; ny
contre les arreſts de la terre, & par des in-
uectiues inutiles, accuſer d'iniuſtice où
de cruauté, les ordonnances de l'vn & de
l'autre; au contraire de peur de rendre voſtre peine inſuportable à ceux qui vous
approchent, vous auez la plus grand' partie du temps cette diſcretion, & cette
bonté que de là renfermer au dedans, ſans
en laiſſer paroiſtre au dehors, des teſmoi-
gnages plus importuns que les larmes, &
les ſoûpirs : De-là vient que voſtre ſouf-
france eſtant preſque toute reſtrainte
dans l'eſprit & dans le cœur, il eſt impoſ-
ſible qu'elle ne s'y faſſe beaucoup mieux
ſentir qu'en ces courages ordinaires, de
qui les plaintes immoderées en con-
ſument vne partie; vne choſe (M A DA-
M E) eſtonne tout le monde en voſtre aduanture, c'eſt de voir que les forces de voſtre corps ayent peû reſiſter tant de temps
aux durs aſſauts que la triſteſſe donne à
voſtre ame : De moy ie confeſſe ingenu-
ment, qu'à moins que de l'imputer à mira-

cie, ie n'en puis deuiner la caufe, fi ce n'eft
peut eftre que par vne longue habitude
vous puiffiez viure de douleurs, de la
mefme forte que Mitridate auoit pû viure de poifons ; au lieu de vous aller delaf-
fer comme il vous eft encore permis, de
l'ennuyeufe clofture du Chafteau de
Moulins, dans l'agreable liberté de celle
du Chafteau de Fere, de qui l'affiette pour
le moins, & les promenoirs euffent con-
tribué quelque chofe au diuertiffement
de voftre ennuy, vous vous eftes choifi
vous mefme vne demeure fi eftroite, & fi
peû fortable à la grandeur de voftre naiffance, qu'on la peut iuftement nommer
vne volontaire prifon : C'eft dans cette
retraite folitaire & fainéte, qu'àpres les
exercices de pieté, tantoft le fouuenir des
perfections de voftre incomparable
Efpoux, tantoft celuy de vos felicitez paf-
fées, & tantoft la confideration de vos
miferes prefentes vous defrobent infenfi-
blément toutes les heures de voftre vie,
à la referue de deux où trois que vous donnez chaque iour à vos domeftiques, afin
de

de les confoler de voftre prefence; Ie ne
doute point (MADAME) que ce difcours ne femble eftrange à plufieurs & ne
leur faffe dire que i'ay mauuaife grace de
r'affraichir vos douleurs, que ie reporte
indifcretement le fer dans voftre playe, &
qu'il me fieroit mieux de me taire abfolu-
ment que de vous entretenir fur vne funefte matiere dont ceux qui cherchent
voftre repos ne vous deuroient iamais
parler, afin de vous en laiffer perdre infen-
fiblement le fouuenir & l'amertume; mais
fans offencer ces Critiques ne connoif-
fant pas fi parfaitement que moy la trempe & la nature de voftre cœur, ils ont
mauuaife grace eux mefme d'en mefurer
la force, & les fentimens à ceux des courages ordinaires. Il eft certain que la plus
grand'partie des plus affligez ne font pas
marris d'obtenir du Temps, & de l'oubly
qui l'accompagne la quietude ou l'indo-
lence qu'ils n'oferoient apparemment ef-
perer de la Raifon, de la vient que non feulement ils ne fouhaitent pas qu'on les entretienne de leur infortune mais encore

B

qu'ils euitent autant qu'ils peuuent tous
les difcours, & tous les obiects qui font
capables de rebleffer leur imagination &
d'y repeindre ces triftes images que la fuit-
te des iours, & leur propre confentement
auoient finalement effacées, C'eft ie l'a-
uouë pour cette forte d'Efprits, qu'il faut
auoir la difcretion de ne propofer iamais
que des matieres de ioye, ou pour le moins
de diuertiffement. C'eft à ces yeux la plus
las qu'affoiblis de pleurer, & de voir des
chambres tenduës de noir, qu'on ne doit
offrir que du verd gay, des fleurs, & des
rofes fans efpines, C'eft ainfi qu'il eft ne-
ceffaire d'en vfer, pour s'acquerir leurs
bonnes graces, mais ce n'eft pas ainfi que
ie veux traiter auec vous, ayant autrefois
eft· lié trop foigneufement voftre natu-
rel pour ignorer auiourd'huy que cette
imprudente procedure me feroit pluftoft
vn moyen de n'arriuer iamais aux voftres.
Non non (MADAME) ie fuis trop bien
inftruit de l'exceffiue grandeur de voftre
perte pour m'oppofer en vous confolant
à celle de voftre douleur, dont la longueur,

la violence, & l'efgalité tiennent les fages
de noftre Siecle, en perpetuelle admira-
tion de voftre vertu, ouy, MADAME,
il eft hors de doute que vous auez perdu,
le plus braue, le plus genereux, le plus li-
beral, le plus vaillant en vn mot le plus aymable, & le plus accomply Heros, foit
pour la paix, foit pour la guerre, de qui
l'humaine imagination fe puiffe faire vne
parfaite Idée, & ie fuis affeuré, que la
nourriture qu'il m'a donnée, ne rendra
point fufpectes à ceux qui l'ont bié connu,
les merueilles que i'en efcris, ny celles que
i'en efcriray, puifque ce font des veritez
que l'Enuie la plus impudente auroit honte de contefter; de façon, MADAME,
que loin d'arrefter des pleurs dont le cours
eft fi legitime, ie vous exhorterois moy-
mefme à leur effufion eternelle, fi voftre
genereufe trifteffe auoit befoin d'eftre fo-
licitée; ne faites donc iamais de treue
auec vos ennuis: mais regrettez encore
dauantage s'il eft poffible vne fi belle vie,
& fi regretable en fon malheur, que la Iu-
ftice elle mefme contrainte qu'elle fut, de

B ij

la facrifier à la rigueur de fes loix, où pour
mieux dire, aux plus feueres maximes de
la raifon d'Eftat, ne peût s'empefcher de
moüiller fon bandeau de larmes, elle qui
dés la naiffance des Republiques, des Mo-
narchies & des Empires doit eftre accou-
ftumée, & comme endurcie aux fpecta-
cles fanglans que fes balaces exigent tous
les iours de fon Efpée: Et pour ce que les
puiffances de l'ame toutes fpirituelles
qu'elles font, ne laiffent pas d'auoir befoin
du fecours des sés, foit pour fortifier, foit
pour entretenir l'exercice de leurs opera-
tions: ie prefente à vos yeux l'ouurage de
tous les miens le plus capable ce me femble
de nourrir voftre melancholie, & de
vous donner vne plus viue apprehenfion
de voftre infortune, vous y remarquerez
deux Amants fi parfaits & neantmoins fi
malheureux dans l'innocence de leurs
Amours & de leurs vies, qu'ils nous feroient quafi foupçonner le Ciel d'iniuftice,
fi luy mefme ne nous auoit aduertis il y a
long-temps par la bouche de fes Oracles,
que fes iugemens font des gouffres & des

abifmes; vous y defcouurirez des intri-
ques & des mefchancetez de Cour, qui
vous confirmeront dans la fage refolution
que vous auez prife, de ne vous remettre
iamais fur vne Mer qui vous a tefmoigné
fon infidelité par vn fi pitoyable naufrage,
vous y verrez nager vn Throfne dans vn
fleuue de fãg & de larmes, & par des accidens effroyables, la plus grande & la plus
heureufe Maifon de tout l'Orient deuenir
prefque en vn moment & le Theatre & le
fubiet des Tragedies de la fortune, enfin
MADAME, vous y trouuerez des
chofes des fentimens & des paroles affez
conformes à l'Eftat prefent de voftre
efprit & de voftre condition, receuez-le
donc s'il vous plaift aucc cette merueil-
leufe bonté que i'ay tant de fois efprou-
uée, en attendant que ie defgage bien toft
ma parole enuers vous, par vne production de mon efprit & de mon zele, plus
noble & plus confiderable que cette-cy,
là certes fi ie ne me trompe, ie parleray
fi bien des morts, fans offencer les viuans,
que de long-temps la memoire de leurs

belles actions ne les suiura dans le Tombeau; C'est iusques où s'estendront asseurement le respect & la fidelité que doit auoir pour vostre grandeur.

MADAME,

Son tres-humble, tres-obeyssant,
& tres-obligé seruiteur.

MAIRET.

Aduertissement au Lecteur.

My où non amy Lecteur, (puis qu'en fin tu peux-estre l'vn & l'autre) afin que la ressemblance du tiltre & du suiet de ce Poëme ne t'abuse point, ie t'aduertis que le Solyman qu'on mit en lumiere il y a deux ans, n'est point de moy : Ce n'est pas que son Autheur qui ne s'est pas soucié d'y mettre son nom, ne soit plus honnest-homme & plus aduancé dans le Parnasse que ie ne suis : mais quoy qu'il en soit, n'estant pas d'humeur à m'enrichir iniustement du bien d'auttuy : Ie te declare encor vn coup, que voicy le seul qui est veritablement de ma façon, possible ne l'en-estimeras-tu pas dauantage, n'importe, si tu n'as rien de meilleur à faire, donne toy la patience de le lire auec vn peu d'attention, & tu verras que ie l'ay composé auec beaucoup de soin, & que si c'est vne imitation du Comte Quido Baldi, au moins n'est elle pas des plus seruiles.

EXTRAICT DV PRIVILEGE DV ROY.

PAr grace & Priuilege du Roy, il est permis à AVGVSTIN COVRBE', Marchand Libraire à Paris, d'imprimer, vendre & distribuer vn Liure intitulé, *Le Grand & dernier Solyman, où la mort de Mustapha, Tragedie par Monsieur de Mairet.* Representee par la trouppe Royale, Faisant tres expresses inhibitions & defences à tous Libraires & Imprimeurs, ou autres de nos Subjets, de quelque qualité & condition qu'ils soient, d'Imprimer, où faire Imprimer ledit Liure, le vendre, faire vendre, ny debiter par nostre Royaume, durant le temps & espace de dix ans, à compter du iour qu'il sera acheué d'imprimer; si ce n'est de ceux dudit Exposant : à peine de quinze cens liures d'amende, & de tous despens, dommages & interests, comme il appert plus au long par les Lettres du Priuilege. Donné à Paris, le 20. Feurier, l'An de grace 1639. Et de nostre regne le 29. Par le Roy en son Conseil. Signé CONRARD. Et scellé du sceau de cire jaune.

Les Exemplaires ont esté fournis, ainsi qu'il est porté par le Priuilege.

Acheué d'imprimer pour la premiere fois, le 1. Iuin 1639.

LES ACTEVRS

SOLYMAN, Roy de Thrace, où de Turquie.

MVSTAPHA, Fils de Solyman.

ACMAT, Conseiller de Solyman, & amy de Must.

RVSTAN, Grãd Vizir, gendre de Solimã, & ennemy mortel de Must.

BAIAZET, Lieutenant & amy de Mustapha.

ORCAMBRE, Vieil esclaue de la Sultane.

OSMAN, Confident de Rustan.

ALVANTE, Gouuerneur de Despine.

DESPINE, Fille du Roy de Perse, Amazone, & Amante de Mustapha.

ROXELANE, Sultane est femme de Solyman.

HERMINE, Esclaue & fauorite de la Sultane.

ALICOLA, Vieille estrangere qui fait la reconoissance de Mustapha.

La SCENE est en Alep ville de Syrie, la piece est dans toutes les reigles de la Tragedie.

LE SOLYMAN OV LA MORT DE MVSTAPHA.

TRAGEDIE.

ACTE PREMIER.

SCENE PREMIERE.

LA SVLTANE, HERMINE, SVLTANE.

HElas comment veux-tu chere & fidelle Hermine
Qu'au Prince Mustapha ie fasse bonne mine?

A

Luy qui de iour en iour s'esleue triomphant
Pour le dernier malheur de mon dernier enfant,
Luy qui presque en naissant fut le meurtrier d'vn
    autre
Et qui ne peut manquer d'estre encore le nostre.

HERMINE.

Madame ie sçay trop que vous auez raison
De craindre pour vous mesme, & pour vostre maison
Puisque la loy d'Estat, veut que les Rois de Thrace,
Commencent de regner par la fin de leur race,
Et que pour s'establir, les barbares qu'ils sont
Perdent esgallement tous les freres qu'ils ont,
Mais comme ieune esclaue il est vray que i'ignore
Le sort de l'autre fils que vous plaingnez encore.

SVLTANE.

Le vingtiesme Soleil fait son cours maintenant
Depuis qu'Haly Bassa ce fameux Lieutenant,
Entra dans la Russie, & l'ayant saccagée
M'offrit à Solyman de trois lustres aagée,
Sans vn plus long discours ma fortune suffit
A dire les honneurs & les biens qu'il me fit;
En ce commencement d'aduanture prospere,
Il me falloit vn fils pour vn si digne pere
Ie l'eus donc tost apres, mais auec vn malheur,
Qui m'est vn vieux suiet de nouuelle douleur,

Le Prince aymoit aussi la Sultane Circasse
Qui portoit comme moy les marques de sa grace,
Si bien que nostre gloire, estoit à qui plustost
Mettroit hors de ses flancs son glorieux depost,
Enfin nous esprouuons a la neufiesme Lune
Auec pareil hazard, differente fortune
Elle accoucha d'vn fils, & moy d'vn fils aussi.

HERMINE.

Ou donc vostre malheur?

SVLTANE.

Escoute le voicy.
Le fils dont ma Riuale accoucha la premiere
Vn iour auant le mien auoit veu la lumiere,
Or sachant que par là cét enfant fortuné
S'estoit acquis le sceptre en qualité d'Aisné,
De peur que quelque iour venant a la Couronne
Il ne perdist le mien comme la loy l'ordonne,
Ma sage preuoyance, & mon affection
Me firent consentir a cet e nuention:
Ie dis la larme à l'œil, à mon fidelle Orcambre
Qui par l'ordre du Roy me seruoit a la chambre,
Le dessein que i' auois, & qui l'estonna bien,
De mettre vn enfant mort à la place du mien
Il fut pour cet effet au quartier de Bisance
Ou ceux qui sont de nous, separez de creance,

A ij

En vn lieu separé logent confusément
Là son triste dessein s'accomplit aysément,
Car à peine entroit il dans la seconde ruë
Qu'vne femme de peu, se presente à sa veüe,
Auec vn enfant mort couché dans son giron
Et du sexe, du mien, & de l'age enuiron,
Enfin pour faire court l'aduenture fut telle
Qu'auec beaucoup d'argent, il eut parole d'elle,
Qu'elle luy donneroit le mort quand il viendroit
Et nourriroit le vif en tel lieu qu'il voudroit
Cela fait, il reuint d'vne course legere
Puis retourna de mesme à la mesme estrangere,
De qui suiuant l'eschange il retira le mort
Sans dire du viuant la naissance, ou le sort.

HERMINE.

Et vostre Maiesté depuis cette infortune
En à t'elle point eu quelque nouuelle ?

SVLTANE.

Aucune
Orcambre millefois s'en est enquis sous main
Et son extresme soin a tousiours esté vain.

HERMINE.

Ce vous est donc Madame vn regret bien sensible
De l'auoir exposé ?

SVLTANE.

Pluſtoſt s'il eſt poſſible
Ie le ſouhaite encor plus perdu qu'il n'eſt pas
Et voudrois que ſon frere eut marché ſur ſes pas,
Puis que de Muſtapha la grandeur inſolente
Le menace auſſi bien d'vne fin violente,
Et que du grand Seigneur, l'eſprit preoccupé
Au meſpris de ma grace, à mon eſpoir trompé,
Apres que la Circaſſe eut acheue ſa vie
(Helas, & pluſt au Ciel que ſon fils l'eut ſuiuie)
I'heritay de l'oreille, & de l'ame du Roy,
Qui depuis ce temps la brula toute pour moy
Et dans cette faueur ou tout me ſembloit rire
I'ſleuay mon Selin, à l'eſpoir de l'Empire,
Mais Dieux, il paroiſt bien qu'alors que ie le fis
I'ignorois ton deſtin ô miſerable fils,
Et que ie te gardois auſſi bien qu'à moy meſme
Vn funeſte cordeau, pluſtoſt qu'vn Diadeſme.

HERMINE.

Tout paſſé qu'eſt le Roy dans vn âge panchant
Son fils parauenture, eſt plus pres du couchant
La guerre eſt pour ſa vie vn agreable orage
Qui la porte ſans ceſſe à deux doigts du naufrage,
Eſperez donc Madame. & puis qu'il faut le voir
Allez, vous preparer à le bien receuoir,

A iij

Et changeant vos froideurs en des careſſes feintes
Maſquez d'vn front ſerain voſtre haine, & vos
craintes.

SVLTANE.

Ce peut il que le front ſoit en tranquillité
Ou le cœur eſt en troublé, & l'eſprit agité.

SCENE II.

ALVANTE, DESPINE,

ALVANTE.

Partons, partons Madame, & fuyons
de bonne heure
Loin de cette odieuſe, & ſuſpecte de-
meure,
Ou la temerité vous ayant fait venir
C'eſt le ſeul deſeſpoir qui vous y peut tenir.

DESPINE.

Ouy, mais noſtre retour auroit-il bonne grace
Sans auoir veu le Camp du ieune Roy de Thrace;

Quoy repasser en Perse, auant qu'auoir connu
Pour quel exploit de guerre il est icy venu?
Ce seroit negliger la plus noble partie
Du dessein qui n'aguere en causa ma sortie,

ALVANTE.

N'auez vous pas desia par cent moyens diuers
Du camp des ennemis les desseins découuers
Qui sont tels que leur foudre à partir toute preste
Auant qu'en voir l'esclair nous fondra sur la teste.

DESPINE.

Ah! mon pere un desir tout à fait esloigné
De celuy qu'en partant ie vous ay tesmoigné,
D'Arsassie en Alep à causé ma venuë
Sous l'habit estranger qui me rend inconnuë,
Apprenez que i'exerce en cette occasion
Vn plus noble mestier que celuy d'Espion,
Et que c'est vn motif de haine en apparence
Mais d'amour en effect qui fait mon asseurance.

ALVANTE.

D'Amour? ô iustes Dieux, & pour qui?

DESPINE.

Pour celuy.

ALVANTE.

Qui celuy? parlez donc.

DESPINE.

Qui commande auiourd'huy.

ALVANTE.

Pour le Prince peut-eſtre?

DESPINE.

Il eſt vray pour luy meſme.

ALVANTE.

Vous aymez Muſtapha?

DESPINE.

Bien plus que ie ne m'ayme.

ALVANTE.

Malheureux qu'ay-ie ouy, mais ou, quand & comment
Vous eſtes vous perduë en cet aueuglement.

DESPINE.

Nous ſommes preſque au bout de la ſeconde année
Qui void de mon amour la courſe infortunée
Ie trouue que pour l'heure il n'eſt pas à propos
De conter comme quoy, ie perdis le repos,

Suffit

Suffit que vous fçachiez qu'il faut que ie le voye
Et que dela depend ma triftefſe, ou ma ioye.
Or le plus grand deſſein qui m'arreſte en ce lieu
C'eſt d'y voir ſi ie puis ce ieune Demydieu,
Pour luy faire garder la foy qu'il m'a donnée
De s'vnir auec moy ſoubs vn ſainct Hymenée
N'ayant pû le delay plus longuement ſouffrir
Sur vne occaſion ſi tardiue à s'offrir.

ALVANTE.

Madame excuſez moy, ma douleur eſt ſi forte
Que i'en perds le reſpect qu'il faut que ie vous porte,
Inſenſee, en quel gouffre, & de honte, & d'horreur,
Vous à precipitee vne ſi longne erreur?
Trahir ſon rang, ſon ſang, ſes autels, ſa patrie,
Et pour derniere tache à ſa gloire fleſtrie
S'offrir comme en trophée, à ſon propre ennemy
Dieux! ce n'eſt pas faillir ny ſe perdre à demy.

DESPINE.

Aluante apaiſez vous voſtre douleur m'afflige
Comme en m'iniuriant voſtre zele m'oblige
Mais repreſentez vous, que le conſeil eſt vain
A qui depuis deux ans, a l'amour dans le ſein,
Et que vous ayant dit & monſtré ma bleſſeure
I'ay beſoin de remede, & non pas de cenſure.

B

C'est pourquoy donnez moy, plus traitable & plus
  doux.
Le secours desiré que i'espere de vous.

ALVANTE.

Ah Dieux si vous pouuiez changer cette pensee
Que l'on peut iustement appeller insensee,
Que vous verriez bien tost vostre seule vertu
Triompher de ce Monstre à ses pieds abbatu.

DESPINE.

Si mon amour est monstre, il est monstre en constance
Et partant vainement i'y ferois resistance
Dieux ! & soit le succez de mes presages faux
Que cét aueuglement nous causera de maux.

DESPINE.

Nuls, pourueu seulement, qu'Aluante me seconde

ALVANTE.

Allons nous en d'icy i'entens venir du monde
Que le Ciel nous assiste....

DESPINE.

        Amour le peut bien mieux,
Amour l'ame du Ciel, & le maistre des Dieux.

SCENE III.

SOLYMAN, MVSTAPHA, RVSTAN, OSMAN, ACMAT,

SOLYMAN.

Oy qui m'eſtois promis qu'au ſeul bruit
  de nos armes
 La Perſe eſpouuentée auroit recours aux
  larmes,
Elle qui tant de fois auec tant de malheur
A de mes Conquerans eſprouué la valeur.
Moy diſie qui croyois que ſon Prince plus ſage
Apres vn ſi funeſte & long aprentiſſage,
Viendroit iuſqu'à Biſance embraſſer nos genoux,
Pour impetrer la vie & le ſceptre de nous,
Puiſque c'eſt vne adreſſe au vaincu neceſſaire,
De vaincre en ſupliant vn puiſſant aduerſaire
Nous voicy toutesfois dans Alep arriuez,
Sans que luy ny les ſiens ſi ſoient encor treuuez,
Que fait-il? Qu'attend il? Ou quel vent d'eſperance
Enfle encor ſon orgueil contre toute aparence?

Eſt-il en ce danger de iugement perclus;
Ou ſi parauanture, il ne luy ſouuient plus
Que i'ay du ſang des ſiens ſes campagnes noyéez
Ses Chaſtéaux demolis, ſes Villes foudroyéez
Et que mes Lieutenans ont encor depuis peu
Promené dans ſon Camp & le fer, & le feu?
Voudroit-il de nouueau, d'vne audace importune
Pour la centieſme fois eſprouuer la fortune?
Elle qui luy faiſant tout le mal qu'elle peut
Nous monſtre à ſes deſpens le bien qu'elle nous veut,
O, qu'il eſt abuſé d'vne ignorance eſtrange
S'il penſe que pour peu la fortune ſe change
Elle fut autrefois le fauorable appuy
Du trôſne des Perſans, qu'elle abbat auiourd'huy,
Mais portant ſon amour, d'vne Couronne à l'autre
Il faut bien qu'à ſon tour elle paſſe à la noſtre,
Et que ce Roy vaincu, ſouffre les meſmes fers
Que de ſes déuanciers tant d'autres ont ſoufferts
Partez, donc auſſi bien on voit de la muraille

Parlant à
Muſtapha.

Que deſia tout le Camp, vous attend en bataille,
Là vous commencerez de gloire enuironné
A iouyr du pouuoir que ie vous ay donné.
Si voſtre ame guerrière, & boüillante d'audace
Abborre le repos comme il faut qu'elle faſſe,
Que dez le point du iour on connoiſſe demain
L'effet du Sceptre d'or que vous auez en main

Faites marcher vos gens tout droit au sein de Perse,
Et moy qui veut tenir vne route diuerse
Aussitost apres vous ie conduiray les miens
Par ou plus grand peril meine aux flots Caspiens.

MVSTAPHA.

Ah! Sire pleut au Ciel, qu'il vous eut pris enuie
De me laisser en Perse abandonner ma vie,
Pendant que de la guerre y portant tout le faix
Vous gouteriez en Thrace vne profonde paix,
D'ou vos seules vertus sans partir d'vne place
Nous pourroient inspirer la conduite & l'audace,
De mesme que le cœur dans son siege arresté
Donne au corps les espris & la viuacité,
Sinon permettez moy de prendre vostre route
Ou le plus grand peril se trouuera sant doute,
Que s'il faut que i'y tombe, & rende sous les coups
L'Ame, & le sang Royal, que i'ay receu de vous
Ma cheute pour le moins fut elle encore pire
Ne fera point crouler la masse de l'Empire,

RVSTAN.

Il dit vray.

SOLIM.

Vostre cœur me plaist, & i'en fais cas
Mais l'ordre neantmoins ne se changera pas

Ie veux me reseruant ce perileux voyage
Que le plus grand ouurier ayt le plus grand ouurage,
Faites donc simplement les choses que ie veux
Ainsi le Ciel seconde, & vos pas & mes vœux.

MVSTAPHA.

Ie pars donc ô Seigneur, & pour tres humble grace
Baise encore à genoux les vostres que i'embrasse.

SOLYMAN.

Va mor sang, va mon fils, apprens qu'vn conquerant
Doit cheminer partout comme vn feu deuorant
Pardonne à qui te cede, & mets plus bas que l'herbe
L'ennemy qui resiste, & le vaincu superbe,
Enfin que ta valeur aille iusqu'à ce point
Que le plus fort l'auoüe & n'en rougisse point,
Acmat suiuez le donc, & faites qu'on luy donne
La moitié de mon Camp selon que ie l'ordonne
Puis reuenez au temple ou ie suis attendu.

ACMAT.

Ie le feray Seigneur.

SCENE IV.

RVSTAN, OSMAN,
RVSTAN.

○! *Dieux qu'ayie entendu?*

OSMAN.

Ah quel fuiet d'enuie a l'esprit de mon maistre
Il en est furieux autant qu'on le peut estre.

RVSTAN.

Que vous en semble Osman, estre à peine arriué
Et recueillir le fruit donc ie me voy priué?
Vsurper hautement tous les droits de la guerre
Que ma charge me donne, & sur mer & sur terre,
Mais quoy, possible encor tant il est insensé
Il croit que son merite est mal recompensé,
Et qu'estant fils du Roy, tout ce qu'on luy peut rendre
Est tousiours au dessous de ce qu'il doit pretendre,
Comme si la vertu se mesuroit au sang
Ou le prix du merite à la grandeur du rang,

Et puis qui ne fçait pas que ma femme Roxale
M'allie eftroictement à la maifon Royale,
Mais il eft encor temps de luy faire achepter
Vn fceptre mal acquis que ie deuois porter.

OSMAN.

Ouy Seigneur la vangeance, eft bien deuë à l'outrage
Mais elle le feroit encore dauantage.
Si vous n'auiez vous mefme aduancé voftre ennuy
Pour eftre l'artifan de la gloire d'autruy,
Vous auez tant voulu qu'on vantat fa vaillance
Son efprit, fon credit, fon foin, fa vigilance,
Comme encor ce matin i'ay fait aupres du Roy
Que vous mefme à la fin l'auez mis dans l'em-
    ploy
Puis qu'au lieu du foupçon & de la ialoufie
Dont l'ame du Sultan, deuoit eftre faifie
Voftre efpoir qui vous trompe & voftre art qui vous
    nuit
Ont veu naiftre l'eftime, & l'amour qui la fuit.

RVSTAN.

Il eft vray ; mais ie veux que le mefme artifice
Serue à le faire choir du fefte au precipice,
Ie vay trouuer la Reyne, & fuiuant mon deffein
Luy porter plus auant la crainte dans le fein

Dont

Dont comme d'vn venin, ie pretens qu'elle mesme
En infecte le Roy qui la croit, & qui l'ayme.

SCENE V.

DESPINE, ALVANTE.

DESPINE.

Mon pere est-il donc vray que vous auez pitié
De ma longue souffrance & de mon amitié?

ALVANTE.

Il est bon de tromper cette Amante insensee
Pour luy causer le bien que i'ay dans la pensee,
Ouy ma fille, & partant reprenons le discours
Dont nous auons tantost interrompu le cours.

DESPINE.

Oyez donc en deux mots la fin de mon histoire?
Ie vous ay desia dit si i'ay bonne memoire

C

Comme cét ennemy si vaillant & si fier
Par le nombre vaincu se rendit prisonnier,
Quand il sceut que i estois la Princesse Despine
Or voicy d'ou nos feux ont pris leur origine
Il fut mis dans ma tente ou le vingtiesme iour

dont il eut
connoissance
& sa naissance *Apres vn grand soüpir témoin de son amour*
En hardy par le mien qu'il auoit pû conneste
Il m'aprit en secret, & son nom & son estre,
Son courage si grand, & si bien remarqué
Au combat qu'il rendit quand il fut attaqué,
Sa grace & son visage en sont toutes les marques
Qui brillent d'ordinaire en celuy des Monarques,
Et de son entretien l'ineuitable appas
Me charmere si bien que ie n'en doutay pas.

ALVANTE.

Adioutez aux raisons que vous venez de dire
Que l'on croit aysement les choses qu'on desire.

DESPINE.

Il est vray cher Aluante, & c'est aussi pourquoy
Ie receus volontiers son Amour & sa foy,
D'autant mieux que ie creus qu'vne paix fortunée
(Au moins nos peres morts) suiuroit nostre Hyme-
née.

ALVANTE.

Et poirquoy s'il vous plaist ne l'accomplistes vous?

DESPINE.

Pource qu'estant blessé de quantité de coups
Ie ne souhaitay pas que la chose fut faite
Qu'il ne fut asseuré d'vne santé parfaite
(Mais helas, qu'en Amour on craint auec raison)
En attendant le temps de cette guerison
Voicy que de nostre heur la fortune ialouse
Vient arracher l'Espoux du sein de son Espouse
Il vous souuient assez que les Scithes hardis
Me donnerent bataille, & que ie la perdis,
Auec tant de malheur que les miens me laisserent
Sans deffendre mon Camp que les autres forcerent,
Si bien qu'en Mustapha, mon espoir, & mon cœur
Tomberent sous la main du superbe vainqueur,
Qui l'ayant reconnu le rendit à la Thrace
Qui la tousiours gardé depuis cette disgrace,
Voila de ma douleur le suiet esclaircy
Et l'espoir de salut qui me retien icy,
I'atiens donc maintenant l'assistance promise
Et de vostre conseil, & de vostre entremise
Sans laquelle il est vray que difficillement
Ie puis me descouurir aux yeux de mon Amant,

Ne pouuant l'aborder ny luy parler moy-mesme
Sans nous ietter tous deux en vn peril extresme,
Puisque de tant de Chefs qui ne le quittent pas
Quelqu'vn peut m'auoir veuë au milieu des combats.

ALVANTE,

Vous monstrez bien encor par cette sage crainte
Qu'Amour n'a pas en vous toute raison esteinte
Ie prens donc desormais cette charge sus moy
Mais vous trouuerez bon auparauant.

DESPINE.

Et quoy.

Proposez seulement.

ALVANTE.

Que ie vous aille prendre
A nostre hostellerie, ou vous m'irez attendre
Sans errer plus long temps autour de ce Palais.

DESPINE.

Et bien mon cher Aluante, ouy ie vous le promets
Portez luy donc ma lettre, ou sont en peu de lignes
Depeints mes longs trauaux, & mes malheurs in-
signes.

ALVANTE.

Et cét autre papier que vous m'auez donné
Eſt-ce vne lettre encor?

DESPINE.

        Non, c'eſt vn blanc ſigné
Qu'autrefois par larcin ie pris au Roy mon pere
Pour en tirer vn iour le fruict que i'en eſpere,
Vous le luy donnerez & luy meſme pourra
Y mettre de ſa main tout ce qui luy plaira,
Puis qu'il n'eſt parmy nous ny place ny Prouince
Qui voyant le Cachet & le ſeing de ſon Prince
Ne s'offre incontinant à receuoir ſa loy
Comme s'il en eſtoit le veritable Roy,
Enfin la nudité de ce papier luy donne
Des richeſſes ſans nombre, auecque vne Couronne.

ALVANTE.

Madame aſſeurez vous qu'auec iuſte raiſon
Ie m'en vay trauailler à voſtre gueriſon.

DESPINE.

Allez & que l'Amour le plus grand Dieu du mon-
   de
Faſſe que le ſuccez à mes ſouhaits reſponde.

                    C iij

ALVANTE.

Vous voyez le logis, allez y seulement.

SCENE VI.

ALVANTE, OSMAN.

ALVANTE.

Dieux fut il iamais vn tel aueugle-
    ment
Auoir pû conceuoir ces feux illegitimes
Leur donner nourriture auecques tant
    de crimes
Et me choisir encor pour l'instrument fatal
Des maux qu'elle prepare a mon pays natal
Plustost que cela soit O! Ciel que ton tonnerre
Me creuse vn monument au centre de la terre
C'est ainsi que ie fay vostre commißion.
C'est ainsi que ie sers à vostre paßion,
Et que ie contribuë à cét hymen funeste
Que la terre condamne, & que le Ciel deteste.

Il déchire
les papiers.

OSMAN , suruenant, & caché
dans vn coin.

Il s'en va mal content que peut-ce estre, allons voir
Les papiers deschirez, qu'il vient de laisser cheoir
Lisons, à quelque main que le poulet s'addresse
Il parle ouuertement d'Amour & de promesse
Tasche encor d'adiuster ces fragments ramassez,
San passer plus auant, cettuy-cy montre assez
Par ces mots bien liez de Sep tre hereditaire
Que leur intelligence est, de tres-haut mystere
Mais il faut recueillir iusqu'au moindre morceau
Dieux, qu'est ce que ie voy. Le sein, & le grand
     Sceau
Du Prince des Persans qui tiennent tout ensemble
Ah vrayment le secret va plus loin qu'il ne semble
Va l'exposer au Roy, puisque le cas est tel
Qu'vn silence indiscret te rendroit criminel,
Taire vne trahison c'est presque la commettre
Non non, porte à Rustan, cette importante lettre,
Ce merueilleux esprit qui fait tout par compas
Y trouuerra le sens que tu n'y trouues pas.

ACTE II.

SCENE PREMIERE

LA SVLTANE, RVSTAN, HERMINE.

RVSTAN.

ENFIN il est venu suiuy de trente Princes
Qui pour le suiure en Perse ont quitté leurs Prouinces,
Si bien que iamais Roy n'a mis en moins de temps
Ny tant d'amis sus pied ny tant de combatans,
Regardez maintenant si le danger vous presse
Et s'il vous faut auoir vne molle tendresse,

SVLTANE.

SVLTANE.

Il est vray, ie voy bien, que sans vostre secours
Nous ne sommes pas loin du dernier de nos iours,
Cherchez donc vn remede au mal qui nous menace
Et dites franchement ce qu'il faut que ie fasse.

RVSTAN.

Madame, le Roy seul nous peut tous conseruer
Il faut pour cét effet que nous l'allions treuuer
Et luy rendre son fils suspect & redoutable
Par vn discours adroit autant que veritable
Or voicy le profit qui nous en reuiendra,
C'est que desia du moins le Roy luy restraindra,
De sa commißion l'exceßiue puissance,
Ladessus, l'Orgueilleux prendra quelque licence,
Et n'ayant pas encor tout l'esprit qu'il luy faut
S'emportera sans doute à se plaindre tout haut.
Par auenture außi fera-t'il quelque chose
Qui de noueaux soupçons sera nouuelle cause
Accident qui l'esloigne, ou le fait prisonnier,
Que si le sort vouloit qu'on en vint au dernier
Sans doute la fortune acheueroit le reste
Et son ambition luy deuiendroit funeste.

HERMINE.

Ouy. Mais s'il obeit, & garde le respect?

D

RVSTAN.

Il ne laissera pas d'estre encore suspect
Estant bien malayse qu'aux peres de son âge
Le credit des enfans ne donne de l'ombrage
Et que d'vn successeur, qui marche sur leurs pas
La trop grande splendeur ne les offusque pas

SVLTANE.

Mais les simples soupçons ne pourront pas suffire
A luy faire aduancer la mort qu'on luy desire.
Ainsi nostre malheur est tousiours en sa main.

RVSTAN.

Nous empeschons au moins qu'il n'arriue demain
Et c'est beaucoup gagner dans vn mortel orage
Que d'auoir differé le temps de son naufrage
Mais voicy l'Empereur, presentez vous à luy.

SVLTANE.

Son visage troublé marque vn secret ennuy.

RVSTAN.

Tant mieux nostre entreprise en sera plus aysée
Puis qu'il à desia l'ame au trouble disposée.

SCENE II.

SOLYMAN, SVLTANE, RVSTAN, OSMAN, HERMINE.

SVLTANE.

H: Seigneur quel suiet de crainte ou de douleur
Trouble de voste front le calme & la couleur?

SOLYMAN.

I'ay crainte, i'ay douleur, pourtant ie ne puis dire
N'y le mal que ie crains n'y pourquoy ie soupire,
I'ay pris ces passions que ie ne connoy pas
Au temple dont le seuil à tremble sous mes pas

SVLTANE.

O Dieux.

RVSTAN,

Souuentesfois le Ciel en ses augures
De nos maux aduenir crayonne les figures.

D ij

SOLYMAN.

Vn cœur comme le mien, que son tient la vertu
En peut-estre esbranlé mais non pas abbatu.

SVLTANE.

Mais vn prudent esprit doit tout mettre en vsage
Pour deuiner l'effet d'vn sinistre presage,
Afin que le malheur dont il est aduerty
Par sa precaution, puisse estre diuerty.
Mais ô Dieux si i'osois expliquez ma pensée

SOLYMAN.

Acheuez, poursuiuez la parole auancée.

SVLTANE.

Non non, ie ne veux pas vous annoncer des maux
Sur des suiets de peur qui possible sont faux
Quoy qu'ils me semblent vrais auec trop d'appa-
rence.

RVSTAN.

Vous pouuez donc les dire auec plus d'asseurance
Et vostre Maiesté ne les doit plus celer
En si iuste suiet de craindre & de parler.

SVLTANE.

C'est donc de mon amour l'extresme violence
Qui me force ô Seigneur, à rompre le silence,
Et c'est en sa faueur qu'il faut me pardonner
Le fascheux entretien que ie vous vay donner.

SOLIMAN.

Parlez asseurement, puis qu'il n'est chose aucune
Qui prouenant de vous me puisse estre importune.

SVLTANE.

Ie crains, Sire, & la peur dont ie sens les glaçons
S'accroist tousiours en moy par de nouueaux soupçons
Ie crains di-ie ô grand Roy que quelqu'vn ne conspire
Et contre vostre vie, & contre vostre Empire,
C'est à quoy la douleur qui vous fait souspirer
Et les signes du Ciel se doiuent referer.

SOLIMAN.

Mais quel cœur assez haut oseroit l'entreprendre?

SVLTANE.

Il faut bien l'auoir tel, pour y vouloir pretendre
D'ou vient que mes soupçons s'arrestent malgré moy,

Sur vn dont le pouuoir me donne de l'effroy
Et qui peut mieux que tous entreprendre ce crime
En ayant moins que tous de suiet legitime,
C'est voftre propre fils de qui ie veux parler.

SOLIMAN

De qui?

SVLTANE.

De Muftapha.

SOLIMAN.

Quoy?

SVLTANE.

Pourquoy vous troubler
Ie ne dis rien Seigneur, non non, aux Dieux ne plaife
Puis que ma voix vous trouble il faut que ie me taife
Non ie n'affeure rien, mais prefque à tout moment
Les fuiets de douter augmentent mon tourment.

RVSTAN.

Quand ie deurois (Seigneur) tomber en voftre haine
Ie confirme en cecy le difcours de la Reyne.

SOLIMAN.

Mais quel foupçon du Prince, & d'ou le conceuoir?

SVLTANE.

Ah Sire, estes vous donc à vous aperceuoir
Qu'auec ce doux accueil, cette humeur si traitable
Cette vertu sublime ou fainte, ou veritable
Cet excez de largesse ou de profusion
Dont il vse enuers tous en toute occasion,
Et par cette valeur que tout le monde estime
Il seme dans les cœurs les appas de son crime,
Sa conduite d'ailleurs nous peut faire iuger
Qu'il est d'intelligence auecque l'estranger,
Ce long voyage en Perse, & qu'il y voulut faire
Sous couleur d'espier nostre vieil aduersaire,
Me donne à soupçonner que durant sa prison
Il à dressé le plan de quelque trahison.
Et que le Roy Thacmas luy promit assistance
Sous l'espoir de la Paix, & de la recompense
C'est pourquoy maintenãt, qu'vn grãd nõbre d'amis
Pare, & grossit vn camp à son Sceptre soubmis
Que son ambition qui n'a point de limite
Par le bruit des boucliers se reueille & s'irrite
Ie craindrois que son bras si puissamment armé
N'acheuat le proiet que son cœur à formé

SOLIMAN.

Le Sceptre qu'il possede, au repos le conuie,
Puis qu'vn bien possedé ne donne plus d'ennie.

SVLTANE.

Sire l'experience a pû vous enseigner
Qu'on sent croistre en regnant le desir de regner.

RVSTAN.

Seigneur à ces raisons, qui ne sont pas petites
Adioustez, s'il vous plaist, celles qu'il vous à dites,
Pour vous persuader, qu'il seroit à propos
Que vostre Maiesté demeurast en repos,
Cependant que luy seul exposeroit sa vie
A tous les accidens dont la guerre est suiuie,
Sur tout i'ay remarqué qu'il vouloit obtenir
De prendre le chemin que vous voulez tenir,
Non qu'il y fut poussé par vn desir de gloire
Comme possible alors il vous là fait accroire:
Mais pour ioindre plustost le perfide Estranger
Afin d'aller tous deux d'vn cours prompt & leger,
Enuelopper la Thrace, & surprendre Bisance
Dont la plus grande force est en vostre presence.

SVLTANE.

Et quoy cela de plus ? Dieux qu'en toutes façons
Nous auons bien suiet d'accroistre nos soupçons,
Ah Seigneur, pensez y, desrobez vostre teste
Aux coups de cette foudre, à tomber toute preste,
Et si

Et si mes pleurs chez vous ont trop peu de credit
Croyez au moins le Ciel dont la voix vous le dit

SOLIMAN.

Madame mettez fin à vostre inquietude
Auec cette promesse, & cette certitude
Que suiuant vos aduis ie prendray comme il faut
Les aduertissements qui me viennent d'enhaut
Entrons....

OSMAN, suruenant comme le Roy sort.

OSMAN.

I'ay tant cherché qu'enfin ie le rencontre.
Seigneur, i'ay des papiers qu'il faut que ie vous Tirant Rus-
ten à part.
montre.

E

SCENE III.

DESPINE, ALVANTE.

DESPINE.

ET l'ingrat à pû faire vn acte si maudit?

ALVANTE.

Il à fait pis encor que ie ne vous ay dit
Et n'estoit pas besoin de m'attendre au passage,
Pour aprendre plustost vn si facheux message.

DESPINE.

Donques le desloyal à si tost oublié
Ou rompu les serments dont il s'estoit lié,
Donc mon ardente amour pour cette ame glacée
D'vn insolent mespris sera recompensée
Et mon affliction ira iusqu'à ce point
Que ie perdray l'honneur parce qu'il n'en à point,
Que de mes chastes feux l'innocence eternelle
Par le crime d'autruy deuiendra criminelle,

Enfin qu'on ternira le luſtre de mes iours
Du reproche honteux de mes folles amours,
Le traiſtre auez vous dit, appelle mon voyage
Du nom d'effronterie & de libertinage?
Ce luy ſeroit trop peu le perſide qu'il eſt
De ne vouloir pas voir ma foy qui luy déplaiſt
S'il ne blâmoit encor mes fidelles offices
Et ſi de mes vertus il ne faiſoit des vices.

ALVANTE.

Que l'antidote agiſſe auec tous ſes efforts
Tant qu'il iette la peſte, & le venin dehors.

DESPINE.

Et quand le deſloyal à ma lettre rompuë
A ce eſté deuant vous?

ALVANTE.

Ouy Madame à ma veuë

DESPINE.

Et vous n'auez rien dit à cette indignité?

ALVANTE.

Voicy les propres mots qui l'ont tant irrité.
Ah Seigneur (ay-ie dit) eſt-ce ainſi que l'on traitte

E ii

Les innocens tefmoins d'vne amitié parfaite,
Et que la foy d'vn Prince eftimé fi parfait
Sera defauouée, ou n'aura point d'effet?
Eft-ce à toy refpond il fon confident infame
A me reprefenter ny l'honneur ny le blâme,
Va, ne t'offres iamais à mon royal afpect
Et retourne en ta Perfe aprendre le refpect,
Pour Defpine, dy luy, qu'aux filles de fa forte
On ne peut trop blâmer l'ardeur qui la tranfporte,
Et que i'ay trop de gloire, & trop de iugement
Pourfuiure vne beauté qui vit peu fagement,
Auiourd'huy que le feu de nos dernieres guerres
Va refpandre fa flame au milieu de fes terres,
Il luy fieroit bien mieux d'eftre parmy les fiens
Que d'errer vagabonde à la mercy des miens,
I'allois luy repartir quand d'vn regard farouche
De refpect & de crainte il m'a ferme la bouche,
L'image de l'enfer en fes yeux à paru
La frayeur de la mort dans mes os à couru
Et comme fi mes pieds euffent ietté racine
I'ay refté quelque temps immobile.

DESPINE.

O Defpine,
Defpine infortunée, & dont le reconfort
Doit eftre feulement la vengeance ou la mort.

ALVANTE.

Pour vous faire raison d'vn si sensible outrage
Il faut que le mespris pique vostre courage.

DESPINE.

O grands Dieux des desseins tous de fer' & de feu
Pour le tort qu'on me fait sont encore trop peu,
Sus donc restes honteux d'vne amour offensée
Tendresses, & pitie, sortez de ma pensée
Au contraire entrez y, despit, desdain, courroux
Haine, rage, & fureur, ie m'abandonne à vous.
Partons, partons d'icy, cher & fidelle Aluante
Et puis qu'il me refuse en qualité d'Amante
Et que de mes faueurs il fait si peu de cas,
Qu'il esprouue ma haine au milieu des combats
C'est là que tu m'auras pour mortelle ennemie
Lasche qui m'as traitée auec tant d'infamie,
C'est là que ma valeur me doit faire raison
Et de ton insolence, & de ta trahison.
C'est là que par ma main autrefois esprouuée
Tu perdras la clarté que ie t'ay conseruée,
Allons fidelle Aluante, allons il faut partir
Et se mettre en estat de promtement sortir,
C'est pourquoy de ce pas courez à l'Escurie
Et puis qu'elle est si loin de nostre hostellerie,

E iij

Volez, y s'il se peut, & faites s'il vous plaist
Que nous ayons dans peu noſtre equipage preſt,
Et pour moy ie retourne au logis ou nous ſommes
Preparer au depart mes femmes, & vos hommes.

ALVANTE.

Ie le feray Madame.

DESPINE.

Allez.

ALVANTE.

Cela vaut fait
O deſtins que ma fourbe à fait vn bel effait.

SCENE I·V

DESPINE, ſeule.

Mais que eſt mon deſſein, folle, mal ad-
uiſee
Et par ma propre faute à bon droit me-
priſee,
Et quoy ſi la fureur m'emporte à me vanger
De l'outrageux mépris de ce laſche eſtranger,

La raison veut aussi que ma rage insensée
Esclate dessus moy qui me suis offensee,
Qui me suis procuré le trouble ou ie me voy,
Et qui plus que tout autre ay failly contre moy,
Sus mon cœur imprudent, sus mon ame coupable
De plaisir ou d'espoir desormais incapable
A la mort, à la mort, mais allons la chercher
Deuant les yeux cruels de ce viuant rocher,
Afin que de mon sang sa robbe ensanglantée
Trouble au moins de remors son ame espouuentée,
Et qu'au lieu du regret ce spectacle d'horreur
Luy iette dans l'esprit l'Enfer & sa terreur.

SCENE V.

RVSTAN, OSMAN.

RVSTAN.

C *Est sa main, c'est sa lettre, & la Reine*
en à d'elle
Qui nous pourrons seruir de preuue & de
modelle,

Enfin ie ne croy pas qu' apres vn ſi grand coup
L'Eſprit de Solyman nous reſiſte beaucoup,
Mais d' autant qu' il eſt Pere, & qu' en ceꞇ ꞇ aduan-
    ture
Il nous faut auec l' art garder que la Nature
Ne calme en luy les flots que i'y veux ſouſleuer
Voicy l' inuention que ie viens de treuuer .
Mon Secretaire Ormin ne voit point d' eſcriture
Dont ſa plume à peu pres n'imite la peinture
Ie viens de luy preſcrire , & la forme & le ſens
D' vne lettre ou ie veux que le Roy des Perſans
Traitte d' intelligence auec le fils du noſtre
Que nous mettrons apres en morceaux comme l' au-
    tre ,
Il apprendra par là que le Prince à promis
D' entrer en alliance auec ſes ennemis ,
Et que pour cet hymen la fureur qui le guide
Doit allumer la torche auec vn parricide,
Si bien qu' en cette mer battu de tant de vents
En ſon cœur agité flots ſur flots eſleuans
Auec l' aueugle amour qu' il porte à la Sultane
Sa raiſon à la fin perdra la Tramontane,
La fortune & l' amour ont l' ouurage aduancé
Mais il faut acheuer ce qu' ils ont commencé,
Et ſur vn incident fortuit & veritable
En forger vn expres de nature ſemblable

                                        Or

Or ce qui me fait prendre vn si hardy dessein
C'est que i'ay du Persan le Cachet, & le sein,
Sur quoy ce grand Colosse, & d'art, & d'imposture
Auec son pied d'estail trouue sa couuerture.
Pour luy ses grands emplois le diuertissent tant
Qu'il ne verra iamais les pieges qu'on luy tend,
Et d'ailleurs que sçait-on, si lors que ie l'opprime
Le chastiment en luy ne preuient point le crime ?
Que sçait-on, & pour moy i'y trouue assez de iour
Si la rebellion ne suit point son amour ?
Possible en le perdant, possible apres sa perte
La verité du fait nous sera decouuerte
Cependant il est bon qu'en le faisant perir
Il coure le hazard qu'il nous feroit courir,.

OSMAN.

C'est bien dit & pour moy s'il faut que ie vous serue
Ie le feray tousiours par tout, & sans reserue.
Aux despens de la vie aux despens de l'honneur
Ne connoissant que vous de maistre & de Seigneur.

RVSTAN.

Croy si i'attains aussi la grandeur ou i'aspire
Que ta condition n'en deuiendra pas pire,.
A propos garde bien qu'vn langage indiscret
Ne fasse entrer la Reine en ce dernier secret,

F

I'ay tantoſt remarqué qu'elle ne ſuit qu'à peine
Les violents conſeils que m'inſpire la hayne
Ie luy treuue vn Eſprit, mol, lent, irreſolu
Qui veut, & ne veut plus ce qu'il aura voulu,
En vn mot, ſans la peur du danger qui la preſſe
Et que i'accrois touſiours auec beaucoup d'adreſſe
Ie ne ſçay ſi ſon cœur qui craint plus qu'il ne hayt
Acheueroit l'affaire au gré de mon ſouhait.

O S M A N.

Seigneur à quelque employ que voſtre ordre m'ap-
    pelle
Ie ſuis eſgalement circonſpect, & fidelle.

SCENE VI.

SOLIMAN, ACMAT.

ACMAT.

Ile Prince auoit eu cecte damnable en-
  uie
Ce qui ne fut iamais (au peril de ma
  vie)
Il a comme l'on sçait trop d'esprit & de sens
Pour ioindre sa foiblesse, à celle des Persans
Il à couru la Perse, & la doit bien connestre.

SOLIMAN.

Trop trop pour mon salut, & pour le sien peut-estre
Ce fut en ce voyage & durant sa prison
Qu'il estreingnit le nœud de cette trahison,

ACMAT.

S'il y fit vn voyage, il l'y fit par vostre ordre:
Et la dent du soupçon n'a pas suiet d'y mordre,

F ii

Non Seigneur, & s'il plaift à voftre Maiefté
Ie fuis plege enuers tous de fa fidelité,

SOLIMAN.

Vous aduancez beaucoup, Acmat.

ACMAT.

N'importe Sire
Il n'eft rien neantmoins qui m'en faffe defdire,
Sa vertu precieufe à tous les gens de bien
N'eft pas moins mon garand que la mienne eft le
fien.

SOLIMAN.

Sa vertu qu'il eftalle auec tant de pompe
Eft le mafque & l'appas fous lequel il vous trompe.

ACMAT.

Ah Seigneur, le foupçon, ce monftre fans pitié
Loge bien toft la hayne, ou logeoit l'amitié,
C'eft pourquoy cependant qu'il vous en refte encore
Deuorez-le vous mefme auant qu'il vous deuore,
Eh de grace aydez vous, eftouffez ce ferpent
Dans le mefme venin qu'il fouffle, & qu'il refpant,
Vous mefme ayez foupçon du foupçon qui vous ronge
Et vous en defmeflez comme d'vn mauuais fonge,

Quand vn songe effroyant trouble nostre sommeil
Nous nous en deliurons auec vn prompt reueil,
Ainsi nous euitons en ouurant la paupiere
Le danger d'vn brasier, celuy d'vne Riuiere,
Vn Tigre, vn Assassin, & cent genres de morts
Qui font fremir de crainte, & l'esprit & le corps,
En cette occasion l'aduanture est pareille,
Dans l'erreur du soupçon vostre raison sommeille,
Esueillez là Seigneur, & vostre Maiesté
Trouuera le repos auec la verité,

SOLIMAN.

Ie le desire Acmat, & desia ie l'espere
Tant vos sages discours ont vn effait prospere
I'ay tantost commandé qu'on le fit reuenir
Noradin, en à l'ordre allez le retenir.

ACMAT.

Ie vay de vostre part luy dire qu'il attende.

SOLIMAN.

Et qu'il ne parte point que ie ne le commande
O Dieux, ie conclus bien pour la derniere fois
Que les bons Conseillers sont le tresor des Rois,
Les puissantes Raisons qu'il vient de me desduire
Vont ranger mes soupçons au point de se destruire,

Et si ie n'ay la paix, ie sens bien pour le moins
Que desia leur vertu donne treue à mes soins.

SCENE VII.

RVSTAN, SOLIMAN,

RVSTAN.

NY paix ny treue encor guerre guerre
   mortelle
Fers au Prince, ennemy, mort au fils
   infidelle,

SOLIMAN.

Hola qu'est-ce Rustan ?

RVSTAN.

        Vn prodige d'horreur,
Qui vous doit mettre au sein la haine & la terreur
O sort tu fais bien voir en ces marques funestes
Que Soliman est cher aux puissances Celestes,
Osman passoit n'aguerre à ce qu'il m'a conté
Vn coin qui du Palais est le moins frequanté,

Montrât les papiers.

Lors qu'un homme, ou surpris de crainte à sa venuë
Ou d'autre passion qui nous est inconnuë,
(Peut-estre de remords) a doucement coulé
Ces fragments sur la terre, & puis s'en est allé,
Luy d'un soin curieux les tire de la fange
Et puis d'un art heureux les place, & les arrange,
Enfin ayant connu quel estoit le forfait
Il me l'a descouuert, voyez: le coup est fait.
Il change de couleur.

SOLIMAN.

L'ame triste esperduë,
Entre l'estonnement, & l'horreur suspenduë,
Bref d'esprit & de corps, esgallement perclus
Ie me cherche en moy mesme, & ne m'y treuue plus.

RVSTAN.

Que lés tristes pensers ou vostre ame s'abisme
Ne vous empeschent pas de preuenir son crime
Puisque vostre salut consiste à le punir.

SOLYMAN.

Ouy. ie vay commander qu'on le fasse venir
Sous couleur de luy dire vne affaire importante.

RVSTAN.

Mais s'il faisoit refus d'abandonner la tente?

SOLYMAN.

On verroit dans son sang son crime se lauer
Au milieu de son Camp ou ie l'irois treuuer.
Entrons! ô Ciel! ô Sort.

ACTE III.

SCENE PREMIERE

MVSTAPHA, BAIAZET, SOLDAT.

SOLDAT accourant.

Rand Prince , Bajazet vous coniure
   d'attendre
Pour secret important que vous deuez,
   entendre,
Voyez le qui fait signe , & s'auance à grands pas.

MVSTAPHA.

Ses Chefs le suiuent-ils?

SOLDAT.

Seigneur ie ne croy pas.

G

MVSTAPHA.

Puis qu'il l'aiſſe le Camp, ou tumulte ou querelle
Ou plus triſte accident au quartier me r'apelle.

BAIAZET, arriuant.

Ah Seigneur gardez bien d'entrer dans le Palais
Si vous n'auez deſſein de n'en ſortir iamais,
Là ſi vous l'ignorez la mort vous eſt certaine
Par le traiſtre Ruſtan, & la meſchante Reyne.

MVSTAPH

Et le ſçauez vous bien?

BAIAZET.

Ouy Seigneur ie le ſçay
Si bien & ſi vrayment, qu'il n'eſt rien de plus vray,
Ie r'entrois dans le Camp d'ou vous ſortiez à peine
Lors qu'vn Page du Roy, fils du fidelle Ormeine,
Et frere de Dragut que vous connoiſſez tant
M'eſt venu deſcouurir ce ſecret important.
Il m'a dit qu'à trauers de la tapiſſerie
D'vn petit çabinet qui ioint la gallerie,
Il a veu Roxelane, & Ruſtan à genoux
Qui coniuroient le Roy de s'aſſeurer de vous,

A ce que par ces mots de Suplice & de faute
Qu'ils proferoient souuent d'vne voix assez haute,
Et par vostre nom propre, il en a pû iuger
Or de quelle imposture ils ont pû vous charger,
Qui ne peut estre enfin que d'extresme importance,
Ny quelle est du Sultan la derniere sentence
Au bruit d'vn suruenant la peur d'estre surpris
Est cause ce dit-il qu'il ne la point apris,
Mais il iuge pourtant, que las de se defendre
L'Esprit de Solyman estoit prest à se rendre,
C'est pourquoy sauuez vous comme vous le deuez.
Tandis qu'il en est temps, & que vous le pouuez.

MVSTAPHA.

Prendre sitost l'alarme, & sur la foy d'vn Page
C'est m'anquer à la fois d'esprit, & de courage.

BAIAZET.

Quand vn aduis s'accorde auec la verité
De quelque part qu'il vienne il doit estre escouté.

MVSTAPHA.

Mais qui vous fait treuuer cettuy-cy veritable ?
BAIAZET.

Le raport que i'y treuue auec le vray semblable,
Vous sçauez que Rustan est enragé de voir

Que vous nous commandez auec tant de pouuoir,
Et qu'il se voit reduit depuis voltre arriuée
A viure auec sa charge en personne priuée,
Or ie ne doute point que ce lasche & malin
Ne scache que la Reyne, aymant son fils Selin
Par vne consequance euidente & certaine
Vous regarde en maraltre auec des yeux de haine,
Et ne la fasse agir comme vn puissant ressort
A remuer l'esprit du vieillard qu'elle endort.

MVSTAPHA.

Mais comment sçauroient ils le mettre en deffiance
D'vn qui vit sans reproche auec sa conscience,
Leur charme est-il si fort sur le sens paternel
Que d'vn fils innocent en faire vn criminel?

BAIAZET.

La noire calomnie, & l'enuie au teint blesme
Arresteroient la dent sur l'innocence mesme
Qui sçait si par hazard ces courages peruers
Ont point de voltre amour les secrets decouuers?
Et si c'est point par la que l'vn & l'autre espere
De rendre voltre foy suspecte a voltre Pere.

MVSAPHA.

Ouy. celuy la peut estre, & la meschanceté
Seroit bien au plus haut qu'elle ayt iamais esté,

Il est vray que i'adore vne beauté diuine
I'ayme, & vous le sçauez, la vaillante Despine,
Mais ie vous iure encorce que par cy deuant
Sur ce mesme propos i'ay iuré si souuent
Qu'au milieu des ardeurs de la plus belle flame
Dont le flambeau d'Amour puisse brusler vne ame,
Ie garderay tousiours le respect, & la foy
Que mon Pere & Seigneur doit attendre de moy,
Mais apres cette guerre à ma charge commise
Soit vaincu, soit vainqueur, & sans plus de remise
Ie luy veux demander cette ieune beauté
Pour prix de mes trauaux ou de ma loyauté,
Et si de son refus ma priere est suiuie
Alors ie finiray ma miserable vie,
Auec ce double tiltre au fond du monument
De fils respectueux, & de fidelle Amant:
Et le Ciel reprendra mon ame infortunée
Pure comme elle estoit quand il me l'a donnée
Luy mesme, & Baiazet peuuent voir si ie ments
Eux qui sçauent ma vie, & mes deportements.

BAIAZET.

En vain le Ciel & moy sçauons vostre innocence
Si la terre & le Roy n'en ont pas connoissance,
Les Rois quoy que d'vn sang le plus proche des Cieux
N'ont pour voir dãs nos cœurs que de terrestres yeux,

Et dans l'Eſtat qu'ils ſont & celuy que nous ſommes.
Nous commandent en Dieux mais nous iugent en
    hommes,
Euitez donc Seigneur vn danger apparent
Contre qui l'innocence eſt vn mauuais garant.
Et ie ne doute point ſi vous me voulez croire
Que l'art des impoſteurs ne ſerue à voſtre gloire,
Et que la verité cette fille du temps
N'adioute vn nouueau luſtre à vos iours eſclatans.

MVSTAPHA.

Non braue Baiazet, quelque ſort qui m'attende
I'yray trouuer le Roy, puis que le Roy me mande,
Apres l'ordre receu de ſon commandement
I'auance ſes ſoupçons par mon retardement,
Et ſuiuant vos conſeils ie perds mon innocence.
Par le crime qui ſuit la deſobeyſſance.

BAIAZET.

Seigneur que l'intereſt de tant de gens de bien
Dont vous eſtes l'Amour, l'Eſpoir & le ſouſtien
Vous faſſe au moins ſurſeoir ce voyage funeſte.

MVSTAPHA.

Ie fay ce que ie doy, le Ciel, faſſe le reſte
Mais que veut cette Eſclaue auecque ce mouchoir

DE MAIRET.

Qu'elle à semblé ietter plustost que laisser choir.

BAIAZET.

Donnez le moy Soldat, n'auez vous point pris
    garde
Qu'elle s'est retirée afin qu'on y regarde,
C'est sans doute vn aduis qu'elle vous veut donner
Et le nœud que i'y voy me le fait deuiner,
Ah Seigneur ce billet n'est point coup d'auanture
C'est pourquoy hastez vous d'en faire la lecture.

L'esclaue paroist au Balcon ou sur vne porte,

Lettre d'Hermine à Mustapha.

PRince vos ennemis brassent vostre trespas
Receuez sans soupçon l'aduis que ie vous dõne,
Afin que ce bien fait ne vous estonne pas
En voicy le suiet qui n'est sceu de personne,

Il denoüe le coin du mouchoir.

❦

La Chypre est mon pays, ce fut ou mon bonheur
Me fit choir en vos mains quand ie fus asseruie,
Là vous pristes le soin de me sauuer l'honneur
Et ie le prens icy de vous sauuer la vie.

MVSTAPHA.

O Dieux secourez moy.

BAIAZET.

Si vous le connoiſſez.
Et la terre & le Ciel. vous ſecourent aſſez,
Les conſeils, les aduis, vous pleuuent l'vn ſur l'autre
Et bien loin d'empeſcher voſtre perte & la noſtre,
Vous courez au peril que l'on vous à montré.

SCENE II.

PAGE.

Seigneur, qu'à propos ie vous ay ren-
contré
Retournez viſtes au Camp, ou s'eſpand
vn murmure
De malheureux preſage, & de naiſſance obſcure
Le bruit de voſtre mort dont vos Chefs ſont troublez,
Dans le grand Pauillon les auoit aſſemblez,
Mais le Conſeil tenu, la plus grande partie
A reſté dans l'armée, & l'autre en eſt ſortie,
Ceux-là pour ordonner, ceux-cy pour s'enquerir
Et tous pour vous vanger, ou pour vous ſecourir,

J'ay

I'ay laiſſe les derniers dans la place du change
Qui feront dans Alep, vne rumeur eſtrange,
Si vous meſme Seigneur, ne courez au deuant
Pour leur faire ſcauoir que vous eſtes viuant.

MVSTAPHA.

Ah mon fidelle amy, donnez vous cette peine
Allez les aſſeurer que leur frayeur eſt vaine
Dites leur que ie vis.

BAIAZET.

Ie leur dirois pluſtoſt
Que ſi vous n'eſtes mort vous le ſerez bien toſt,
Mais enfin quand i'irois penſez vous qu'ils me
croyent?
Il eſt beſoin pour vous & pour eux qu'ils vous voyent
Pour vous qui craingnez tant de vous rendre ſuſ-
pect
Et pour eux dont les cœurs demandent voſtre aſpect.

MVSTAPHA.

O! Dieux le mal s'accroit pendant que ie conſulte
Allons donc à la place apaiſer ce tumulte.

H

SCENE III.

RVSTAN, seul, allant chez la Reyne.

Et importun Acmat qui parle auec le Roy
S'il sçait nostre secret ne luy dit rien pour moy,
Que si de ses conseils il forme vne machine
Qui de mon ennemy retarde la ruine,
La Reyne à qui le Roy ne peut rien refuser
Est la machine aussi qu'il luy faut opposer,
La peur qui par mon art la rendu plus hardie
Va la faire resoudre à quoy que ie luy die.

SCENE IV.
SOLIMAN, ACMAT,
SOLIMAN.

Il fort en co-
lere.

Oint point, le caractere est bien virifié
D'abord autant que vous, ie m'en suis
defié,
Mais plus i'ouure les yeux plus i'y voy
de lumiere
Et la seconde preuue asseure la premiere.

ACMAT.

Apres le iugement de V. M.
Ie n'ose plus douter de cette verité,
Mais pour tant de papiers (auec vostre licence)
Ie doute que le Prince en ayt moins d'innocence
La malice ennemie à semé ce poison
Afin d'en infecter vous & vostre maison,
Et perdre vostre fils par ces lettres maudites
Luy qui perdra bien tost ceux qui les ont escrites,

H ii

Si comme le dessein il en à le pouuoir
Que sans l'appuy du vostre il ne sçauroit auoir.

SOLIMAN.

Pour vn esprit malsain, ou qui veut qu'on le flatte
Cette explication est assez delicate,
Non, pour moy qui veux voir, & mon mal & mon
    bien
Mais suiuez vostre sens, & ie suiuray le mien,
Quand il sera venu, s'il à dequoy respondre
Aux accusations qui le peuuent confondre,
En ce cas (mais le Ciel ne nous ayme pas tant)
Il est fils glorieux & moy Pere content
Ie luy confirmeray la charge qu'il excerce,
Et la commission du voyage de Perse
Sinon ie sçauray bien punir son attentat
Par l'ordre des Maieurs, & les loix de l'Estat.
Sans que ses partisans, ny tous ces trente Princes
Qui pour suiure son crime ont quité leurs Prouin-
    ces,
Ny tout vn Camp gagné par sa profusion
Le puissent garantir en cette occasion.

SCENE V.

RVSTAN, SVLTANE, HERMINE,

RVSTAN.

Ce dernier effort employez, ie vous prie
Tout ce que vous auez de force & d'in-
dustrie.

SVLTANE.

Le Ciel grand Empereur, ayt soin de vous garder
Mais à quoy pensez vous ? qu'auez vous à tarder ?
Que vos iustes fureurs n'ont desia mis en poudre
Ce front qui sur tout autre est digne de la foudre,
Ce fils audacieux qui n'a que trop vescu
Apres les crimes noirs, dont il est conuaincu,
Il a desia conclu vostre mort & la mienne
Et vous estes encore à consulter la sienne,
Que fait en ce danger vostre cœur endormy
Qu'il n'agit point du tout ou n'agit qu'à demy ?
Dequoy vous sert ce don de sagesse profonde
Dont la vaste estenduë embrasse tant de monde,

Luy qui vous fait preuoir les choses de si loin
Si pour les maux presents il vous manque au besoin?
Non, ie ne pense pas qu'en ce forfait enorme
L'Esprit de Solimans assoupisse ou s'endorme,
Et que pour n'estre pas oblige d'y pouruoir
Il faigne d'ignorer vn mal qu'on luy fait voir
Puis que cette paresse, ou cette indigne feinte
Le feroient soupçonner de foiblesse, & de crainte,
C'est qu'il luy reste encore vn amour Paternel
Qui luy parle en faueur de ce fils criminel,
Et le rend nonchalant à punir son offence
Sous l'espoir mal conçeu de sa resipicence,
Mais croyez cher Seigneur qu'vn cœur ambitieux
Veut tomber aux Enfers ou s'esleuer aux Cieux,
Qu'il fait de son audace, ou son throsne, ou sa tombe
Amoureux du Fardeau, sous lequel il succombe,
Sir, souuenez vous que des pensers pareils
Ont rarement fait place à de sages Conseils,
Et que si l'insolent à ce coup vous eschape
Vous ne le verrez plus, que son bras ne vous frape,
Car quel autre que luy voudroit tremper ses mains,
Dans le sang sacré sainct du meilleur des humains?

RVSTAN.

Bon !

ACMAT.

O mauuais diſcours.

SOLYMAN.

Ne pleurez plus Madame,
Rendez à cela prez l'aſſeurance à voſtre ame
I'y donneray bon ordre, & tel qu'à l'aduenir
I'en auray moins ſuiet de craindre & de punir.

RVSTAN.

L'affaire va tres-bien.

SOLIMAN.

Auant que le iour paſſe
On ſçaura qui des deux doit regner ſur la Thrace,
Noradin la laiſſé qui venoit ſur ſes pas
Il ſera toſt icy.

Icy Solimã fera quelque pas.

HERMINE.

Ie ne le penſe pas.

SOLYMAN.

Allez viuez en paix.

Sentiment caché.

SVLTANE.

Iey la Sul-
tane rétte.

Ah Seigneur l'apparence,
La paix pourroit elle estre, ou n'est pas l'asseurance

SCENE VI.

SOLIMAN, ACMAT, RVSTAN,

RVSTAN.

Eigneur à dire vray, la Reyne à bien
raison
Desormais les Conseils ne sont plus de
saison,
Ou la chose est visible ou les preuues sont claires
Les consultations ne sont plus necessaires,
Sire, fassent les Dieux que ie puisse mentir
Mais vostre Maiesté pourroit s'en repentir,

ACMAT.

En vne occasion de pareille nature
On ne peut proceder auec trop de mesure,

Et

Et quoy que vous disiez, les Conseils violents
Traisnent le repentir plustost que les plus lents,
Il s'agit en cecy d'vne teste choisié
Apres celle du Roy, la plus chere à l'Asie,
D'vn Prince beau, vaillant, des bons tousiours aymé
Redouté des meschants & de tous estimé,
Il s'agit de l'amour d'vne puissante armée
De Soliman luy mesme, & de sa renommée,
Bref il s'agit de tout, & ie ne pense pas
Qu'on y puisse apporter vn trop iuste compas.

RVSTAN.

Acmat doresnauant si vous voulez bien faire
Ou parlez autrement ou songez à vous taire,
En matiere d'Estat on prend part au forfait
Pour trop parestre amy, de celuy qui l'a fait.

ACMAT:

Ma foy, de qui trente ans ont fait l'experience
Suffit pour mon estime, & pour ma conscience.

RVSTAN.

Mais le Roy cependant depuis vos beaux discours
N'a rien fait que resuer & souspirer tousiours.

I

Pagination incorrecte — date incorrecte

NF Z 43-120-12

ACMAT.

Qu'il refue, à la bonne heure, en ce peril extresme
Son meilleur Conseiller, c'est son sens, c'est luy mes-
    me,
Il est plus entendu ny que vous ny que moy
Mais s'il me vouloit croire, il n'en croiroit que soy.

SOLIMAN.

O Fils! ô Fils! ô Dieux ! mais qu'est-ce que veut
    dire
Ce peuple curieux que le spectacle attire

RVSTAN.

Il suit vn prisonnier qui vient.

SOLIMAN.

Ou ?

RVSTAN.

Le voila.

SOLIMAN.

Ie le voy, que peutce-estre?

SCENE VII.

GIAFER, DESPINE, SOLIMAN, RVSTAN, ACMAT.

GIAFER.

Mis, demeurez là.
Que le respect du Roy vous soit vne barriere.
Ieune homme aduancez vous.

DESPINE.

O! plaisante carriere
O! belle occasion pour courir a la mort.

GIAFER.

Sire, i'estois en garde à la porte du Fort
Ou i'ay veu ce ieune homme, esgaré, triste, blesme,
Tel enfin qu'à vos yeux il se fait voir luy mesme
Le soupçon que i'ay pris qu'il venoit de tenter
Ou de faire vn forfait, me l'a fait arrester,

I. ii

D'abord nous n'auons sceu non plus que d'vne Idole
Luy tirer de la bouche vne seule parole,
Enfin, long temps apres par sa confeßion
Il s'est trouué Persan, & de plus Espion.

SOLIMAN.

Espion & Persan?

DESPINE.

Ouy, ouy, ie le confeße.

ACMAT.

O! l'imprudent garçon!

SOLIMAN.

Voyez la hardieße.

RVSTAN.

Ou plustost l'impudence.

SOLIMAN.

Esloignez vous Soldats,

Icy Solim. par-
le bas auec Ru-
stan.   Rustan, approchez vous.

ACMAT.

Puis qu'il parlent tout bas,
Ie leur deuiens suspect, & tiens pour veritable
Que le Prince est perdu.

SOLIMAN.

Vien, ça, vien miserable
Connois-tu ces papiers ce cachet & ce sein,

Tu rougis ne ments pas, tu le ferois en vain.
Respons, les connois tu?

DESPINE.

     Ie les doy trop conneſtre
Ouy ie les connois bien, O! le laſche, ô! le traiſtre,

RVSTAN.

O Dieux, qu'heureuſement en cette occaſion   *Sentiment*
Ie tire mon profit de ſa confuſion.   *caché.*

SOLIMAN.

Et c'eſt à Muſtapha, que le paquet s'adreſſe?

DESPINE.

O Ciel!

SOLIMAN.

  Que tardes-tu, veux tu que l'on te preſſe
Parle au lieu de trembler, tu trembleras apres

RVSTAN.

Il pourroit à la fin le preſſer de ſi pres.
Où il me gaſteroit tout.

      I üj

SCENE VIII.

ALVANTE.

Fille sans conduite
Helas en quel estat vous trouue-ie reduite,

SOLIMAN.

A la fin t'on silence aigrira mon courroux
Et tu n'en auras pas vn traitement plus doux,
Respons ou les tourments.

RVSTAN.

Seigneur, sans violence
Receuez en l'adueu que vous fait son silence,
Le malheureux qu'il est respond en ce taisant.

SOLIMAN.

Bien donc ostez le moy cet obiet desplaisant
Et qu'vne prompte mort soit le digne salaire,
Que merite enuers moy son dessein temeraire
Tu mourras scelerat.

DESPINE.

Ial'ay bien merité.

ALVANTE.

Ah Sire.

Cecy ce dit
tous hauts

RVSTAN.

Et quoy, que veut ce vieillard effronté.

ALVANTE.

Si i'obtenois de vous vn moment d'audiance
Ie n'abuserois pas de voftre patience.

SOLYMAN.

Quel es-tu?

ALVANTE.

Seruiteur de cet infortuné
Que vous auez vous mefme à la mort deftiné.

SOLYMAN.

Et que demandes-tu?

ALVANTE.

Ie demande fa grace
Vtile & glorieufe au grand Roy de la Thrace.

SOLIMAN.

Il refue le bon homme.

RVSTAN.

Il n'en faut pas douter

ACMAT.

Seigneur à tout hazard vous deuriez l'escouter.

SOLIMAN.

Ie le veux, leue toy, mais auant toute chose
Aprens que ie chastie alors que l'on m'impose.

RVSTAN.

Voicy l'homme d'Osman, mais le sort soit loué
Ma fourbe est à couuert, l'autre à tout auoué.

ALVANTE.

Grand Roy, ce prisonnier est si cher à son Prince
Qu'il le rachepteroit d'vne grande Prouince.

DESPINE.

Aluante, taisez vous, ou parlez s'il vous plaist
Mais laissez ma fortune en l'assiette qu'elle est.

ALVANTE.

Bien plus, c'est que iamais la plus riche victoire
Ne vous peut aporter tant de fruit ny de gloire,

Comme

Comme l'humanité vous en fera venir
Si vous luy pardonnez au lieu de le punir.
Puis qu'ainsi vous rendrez, si vous le voulez faire
La moitié de la Perse à vos loix tributaire,

SOLIMAN.

Mais enfin, quel est-il? oste nous de soucy.

ALVANTE.

Cette cy grand Monarque, & non plus cettuy-cy
D'vn Roy tres malheureux, fille tres malheureuse,
Est la belle Despine aux armes si fameuse,
Voyez.

DESPINE.

Que faites vous?

ALVANTE.

       Ses beaux cheueux pendans
Que le Turban & l'Art resserroient au dedans.

DESPINE.

O zele iniurieux?

ACMAT.

      O merueilleux spectacle!

RVSTAN.

Or que fera le Ciel de ce nouueau miracle!

Iey il luy oste
sou Turban.

K

SOLIMAN.

Mais toy qui tiens nos sens, & nos yeux esbahis
Quel sort, ou quel dessein t'ameine en mes pays?
Aprens nous ce secret.

ALVANTE.

Ie vous l'apprendray Sire

DESPINE.

Escoute le plustost de moy qui le vay dire
I'y viens pour espier, apprendre, & rendre vains
Tes forces, tes conseils, tes iniustes desseins
En vn mot si le Ciel m'auoit assez aymée
Pour t'opprimer toy mesme aux yeux de ton Armée

ALVANTE.

Ah Sire, plaignez-la mais ne la croyez pas
Pour vn autre suiet elle court au trespas;
Une autre occasion la rendit inconnuë
Et l'amour pour tout dire à causé sa venuë.

DESPINE.

Ah pourquoy voulez vous augmenter sans profit
Ma honte & mes douleurs?

SOLYMAN.

En effet il suffit,
Nous n'auons pas besoin d'estre informez du reste

RVSTAN.

Sire, vous le voyez, la chose est maniste.

ACMAT.

O Dieux!

SOLYMAN.

Peut estre Amat vous n'en douterez plus
Mais sans perdre le temps en discours superflus
Ie m'en vay donner ordre à ce qui me regarde
Tant pour faire aüancer & redoubler ma garde,
Qu'afin que dez ce soir tout l'apareil soit prest.
Pour l'excecution de mon dernier arrest,
Vous Rustan, cependant ayez soin qu'on la meine
Comme fille Royalle, au quartier de la Reyne,
La nous luy ferons voir lors qu'il en sera temps
Cet espoux pretendu qui vient & que i'attends,
Suy moy vieillard.

Ces Verses di-
sent à Rustan
en particulier.

ALVANTE.

O fille, ô malheureux Aluante.

DESPINE.

Et moy dans mon malheur satisfaite & contente.

SCENE IX.

RVSTAN, DESPINE, GIAFER.

RVSTAN.

MAis ie rumine icy , le vieillard suit le
    Roy
Il seroit à propos , qu'il fust aupres de
    toy,
Va luy persuader qu'il vaut mieux qu'il le laisse
Pour estre sous ta garde aupres de sa Maistresse
Soldats attendez moy, ie ne tarderay pas

Il cour apres
le Roy qui est
entré dans le
Palais,

SCENE X.

MVSTAPHA, ORMONTE
DESPINE.

MVSTAPHA.

O*Rmonte.*

ORMONTE.

Monseigneur.

MVSTAPHA.

    Retourne sur tes pas
Tu verras Baiazet qui du bout de la ruë
Me suit auec les siens sans me perdre de veuë,
Vat'en à sa rencontre & luy dis de ma part
Que s'il veut m'obligeril se tienne à l'escart
Prens aussi mon espée afin que l'innocence
De ce flanc desarmé soit la seule deffence.

DESPINE.

Ah spectacle, ah douleur.

MVSTAPHA.

Oste encor le Baudrier.

DESPINE.

O ma gloire, ô mon cœur, voicy voſtre meurtrier
C'eſt bien tres iuſtement que tu quittes l'eſpée,
Ame dans la baſſeſſe, & la fraude trempée
Quitte encor, puiſqu' au moins tu connois tes defaux
Le nom de Caualı que tu portes à faux,
Cherche pour te cacher la ſolitude & l'ombre,
Ou parmy les rochers dont tu croiſtras le nombre,
Demeure auec les Ours ſi ſemblables à toy
Cruel, ingrat, meſchant, ſans honneur, & ſans foy.

MVSTAPHA.

O Sort, cette rencontre eſt-ce vn charme? eſt-ce vn
    ſonge?
Ou poſſible vne erreur ou mon deſir me plonge.

DESPINE.

Non non, ta cruauté m'a reduite à ce point
Au gré de ton deſir qui ne t'abuſe point,
Ouy mon cœur eſt outré de veritables peines,
Ouy mon corps eſt charge de veritables chaiſnes,

uy, ma mort qui me plaiſt, puis qu'il te plaiſt ainſi
era dans peu de temps tres veritables auſſi.

MVSTAPHA.

Ciel il eſt trop vray, c'eſt la beauté que i'ayme
Mais, vous plus inſolents que l'inſolence meſme,
endez moy ce treſor indignement gardé.

RVSTAN, arriuant la deſſus
auec Aluante.

out beau, tout beau Seigneur, le Roy l'a commandé

MVSTAPHA.

e ne conteſte point ce que le Roy commande,
Mais auecque raiſon ie doute qu'il entende
Qu'on exerce en ſon nom enuers cette beauté
t ſi peu de reſpect, & tant de cruauté,
Mais ce diſcours à part, ſouffrez ie vous ſupplie,
Que pour la bienſéance, au moins on l'a deſlie.

MVSTAPHA.

Oste encor le Baudrier.

DESPINE

O ma gloire, ô mon cœur, voicy voſtre meurtrier
C'eſt bien tres iuſtement que tu quittes l'eſpée,
Ame dans la baſſeſſe, & la fraude trempée
Quitte encor, puis qu'au moins tu connois tes defaux
Le nom de Caualier que tu portes à faux,
Cherche pour te cacher la ſolitude & l'ombre,
Ou parmy les rochers dont tu croiſtras le nombre,
Demeure auec les Ours ſi ſemblables à toy
Cruel, ingrat, meſchant, ſans honneur, & ſans foy.

MVSTAPHA.

O Sort, cette rencontre eſt-ce vn charme? eſt-ce vn
ſonge?
Ou poſſible vne erreur où mon deſir me plonge.

DESPINE.

Non non, ta cruauté m'a reduite à ce point
Au gré de ton deſir qui ne t'abuſe point,
Ouy mon cœur eſt outré de veritables peines,
Ouy mon corps eſt charge de veritables chaiſnes,

Ouy, ma mort qui me plaist, puis qu'il te plaist ainsi
Sera dans peu de temps tres veritables aussi.

MVSTAPHA.

O Ciel il est trop vray, c'est la beauté que i'ayme
Mais, vous plus insolents que l'insolence mesme,
Rendez moy ce tresor indignement gardé.

RVSTAN, arriuant la dessus
auec Aluante.

Tout beau, tout beau Seigneur, le Roy la comandé

MVSTAPHA.

Ie ne conteste point ce que le Roy commande,
Mais auecque raison ie doute qu'il entende
Qu'on exerce en son nom enuers cette beauté
Et si peu de respect, & tant de cruauté,
Mais ce discours à part, souffrez ie vous supplie,
Que pour la bienseance, au moins on l'a deslie.

SCENE XI.

BAIAZET, seul s'approchant du Prince.

I L parle auec Ruſtan, & ſemble le prier
Le traiſtre eſt dangereux, il faut s'en
deſier.

MVSTAPHA.

Conſulter ſi long temps en matiere ſi claire
C'eſt reſpondre autant vaut, qu'on ne le veut pas
faire
Soldats deſliez là.

RVSTAN.

Soldats n'en faites rien.

MVSTAPHA.

Ruſtan, ou ſommes nous? me connoiſſez vous bien?
Sçauez vous qui ie ſuis & ce que ie puis eſtre?

RVSTAN.

Icy ll leur
fait ſigne de
la pouſſer
dans le Pa-
lais, ce qu'il
font.

Quand ie vous connoiſtray pour le fils de mõ maiſtre.

B A-

BAIAZET.

Regardez l'insolent.

MVSTAPHA.

Vous auriez en ce cas,
Le respect qu'on me doit & que vous n'auez pas,
Cependant vos soldats ont acheué l'audace
Mais vous le payerez.

RVSTAN.

Tel tremble qui menace.

BAIAZET.

Traistre ton insolence est sans comparaison
Mais ce bras pour le Prince en aura la raison,
Porte dans le Palais ton crime, & ton suplice.

A ce vers il met la main à l'espee.

MVSTAPHA.

O Dieux qu'auez vous fait?

Rustã tombe dans la porte du Palais.

BAIAZET.
Un acte de Iustice

Seigneur?

MVSTAPHA.

...ais qui me perd,

L

BAIAZET.

Mais plustost qui vous met,
En l'Estat glorieux qu'vn Empire promet
N'esperez que par la, garantir vostre vie,
Le danger vous y presse, & ie vous y conuie
Enfin vous le deuez, puis qu'abien discourir
Il vous faut desormais ou regner ou mourir,
Cent mille hommes armés sont tous prests à vous
    ioindre
Auec cent braues Chefs dont ie seray le moindre
En voicy quelques vns, & i'ay parole d'eux
Icy les Capitaines arriuēt. Sus sus Mars, & le Sort, ayment les hazardeux,
Aduancez, Compagnons, & d'vne voix commune
Esleuons ce Soleil au trosne de la Lune.
Il doit dire cecy se prosternāt la face contre terre à la mode des Turcs. Viue donc Mustapha.

Les Capitaines tous d'vne voix,
Viue nostre Empereur.
MVSTAPHA.

Mais qu'il meure plustost.

BAIAZET.

O Dieux quelle fureur.
MVSTAPHA.

Apellez vous fureur, vn desir legitime
D'amoindrir, ou plustost d'empescher vostre crime,

Non non, il vaut bien mieux qu'vne innocente
   mort
M'offre seul en victime, aux choleres du Sort
Que si i'executois mes iniustes enuies
Par la perte de tant & de si belles vies.

BAIAZET.

Ne craingnez point pour nous, vous pour qui nous
   craingnons.

MVSTAPHA.

Genereux Baiazet, & vous chers Compagnons
Quelque espoir de salut que le Camp me propose
I'entre dans le Palais, ou ma vie est enclose,

BAIAZET.

Mais ou uous trouuerez la mort qui vous attent.

MVSTAPHA.

Ie ne sçay, mais mon ame y demeure pourtant
Si le Ciel me permet de vous reuoir encore
Ie vous aprendray mieux ce secret que i'ignore,
Adieu.

BAIAZET,

        Ie suis aueugle en cette obscurité   Il se iette dãs
Cependant donnons ordre à nostre seureté;   le Palais.

                    I ij

Ils s'en vont
l'espee haute
frapant leurs
boucliers.

Allons mes Compagnons, allons treuuer les autres
Et ne faisons qu'vn corps de leurs bras & des no-
stres,
Tant pour vanger le Prince à sa perte obstiné
Que pour nous garentir dans son Camp mutiné.

ACTE IV.

Acte 4 Aftele dedans du Palais doit paroiſtre iuſqu'à la fin de la piece, & le dedans aux trois autres.

SCENE PREMIERE

MVSTAPHA, OSMAN, OSMAN.

IE vay donc O Seigneur, s'il plaiſt à voſtre Alteſſe
Dire à mes Compagnons qui gardent la Princeſſe,
L'ordre qu'ils ont du Roy de vous la faire voir.

MVSTAPHA.

Ie ne vous retiens pas, faites voſtre deuoir.

OSMAN.

Sentiment caché.

C'eſt moy qui te retiens auec mon impoſture.

L iij

MVSTAPHA, feul.

Examinons encor cette eſtrange eſcriture.

Il tient vn billet.

Ordre de Soliman à Muſtapha.

Allez voir voſtre Deſpine
A fin de l'entretenir,
Tandis que ie determine
Ce qu'elle doit deueuir.

O Dieux! ce mot de Voſtre, *eſt vn feu de colere.*
Qui me rend deſormais cette nuit aſſez claire
A ce peu de clarté qui luy confuſement
La ſource de mon mal ſe deſcouure ayſement,
N'ayant aucun ſuiet d'entrer en defiance
Ny de mon procedé ny de ma conſcience,
L'Amour ſeul aura fait le trouble ou ie me voy
Mais ie ne puis ſçauoir ny comment ny pourquoy
Non ie ne comprens pas quelque effort que ie faſſe
Pour quelle occaſion, ou pour quelle diſgrace
Ce deplorable obiet de mon affectioe
A dementy ſon ſexe & ſa condition
Ie ne puis conceuoir l'aduanture derniere
Qui rend cette beauté ſuſpecte, & priſonniere,
Sur tout ie me confonds, ie m'egare & me pers
Comme ſi ie tombois dans la nuit des Enfers,

DE MAIRET.

Quand ie pense aux discours dõt cette ame indignée
A tantost contre moy sa fureur tesmoignée,
Quand ce cruel abord, ce regard furieux
Et ce reproche iniuste autant qu'iniurieux,
Par leurs tristes obiets dont l'image est si fraische,
Font encore en mon cœur, vne mortelle bresche
Ie meurs : si mal traité de l'Amour & du Sort
Que i'ignore en mourant la cause de ma mort,
Ie ne m'estonne pas que Rustan, & la Reyne
Poussez l'vn de l'enuie, & l'autre de la hayne.
Par leurs inuentions m'ayent rendu criminel
Et prouoque sur moy le courroux paternel,
Ce sont tours d'ennemis, & d'esprits sanguinaires.
Qui par toutes les courts sont assez ordinaires
Ce sont coups d'enuieux, & de courages bas
Qui mesme en m'accablant ne me surprennent pas,
Mais que ie sois l'horreur des beaux yeux de Des-
    pine
Et que mon bon Genie ayt iuré ma ruine,
O Dieux d'vn si grand coup, mon esprit abbatu
Fait de son desespoir sa derniere vertu.

        Tandis que ie determine
        Ce qu'elle doit deuenir.

A bien examiner cette derniere ligne
On nous garde à tous deux vn traitement indigne.

L'eſtat ou ie l'ay veuë, & l'eſtat ou ie ſuis
Montrent qu'on nous reſerue à d'eſtranges ennuis,
Dans ce Palais funeſte, ou l'effroy m'enuironne
Chacun craint mon abord, me fuit, ou m'abandonne,
Comme vn lieu deſolé par la peſte, & le feu
Ou que celuy du Ciel à frapé depuis peu.
Le Roy qui ſous couleur d'vne affaire importante
M'a faiten diligence abandonner la Tente
Sçait que ie ſuis venu teſmoigner mon deuoir
Son ordre cependant me deffend de le voir
Mais i'aperçois venir l'Eſclaue bien faiſante
Qui ſemble deplorer ma fortune preſente.

SCENE II.

HERMINE, MVSTAPHA,
HERMINE.

I vous euſſiez pû ſuiure ô Prince infortuné.
Le ſalutaire adwis que ie vous ay donné,
Ie ne reſpandrois pas des pleurs qui me
trahiſſent

S'il

S'il faut qu'ils soient connus de ceux qui vous haïs-
*   sent*
Et qui me puniroient d'vne cruelle mort
S'ils sçauoient seulement que ie plains vostre sort,
La Reyne à qui pour vous ie deuiens infidelle
Pour aprendre de moy ce que vous dites d'elle,
A voulu me choisir sur tous ses Espions
Afin de remarquer toutes vos actions,
Mais puis qu'à Famagouste, ou ie fus asseruie
Vostre extresme bonte me conserua la vie,
En me sauuant l'honneur qu'on me vouloit rauir
Ie la veux exposer afin de vous seruir.

MVSTAPHA.

Il ne seroit pas iuste Esclaue genereuse
Ny que vostre vertu vous rendist malheureuse,
Ny que mon imprudence à garder vostre escrit
Vous mist la deffiance, & le trouble en l'esprit,
C'est pourquoy cachez mieux cette douleur visible
Qui sans me profiter vous peut estre nuisible,
Et pour vostre billet tenez pour asseuré
Et croyez sur ma foy que ie l'ay déchiré.

HERMINE.

Ah Seigneur au hazard d'estre vn iour descouuerte
Que ne peuuent mes soins empescher vostre perte.

                      M

MVSTAPHA,

Et n'ay-ie aucun amy qui trauaille pour moy?

HERMINE.

Nul que le bon Acmat qui plege voſtre foy
Et ſi ie crains d'ailleurs, c'eſt delà que i'eſpere.

MVSTAPHA.

Mais pour ietter le ſort ſur l'eſprit de mon Pere
Quels mots ſi merucilleux, ont dits mes ennemis?
De quoy m'accuſe-t'on? quel crime ay-je commis?

HERMINE.

Quantité diſent-ils, ſur tous deux effroyables
Qui pour eſtre trop grands doiuent eſtre incroyables
D'eſtre d'intelligence auec le Roy Perſan
Et d'auoir conſpiré la mort de Solyman.

MVSTAPHA.

O Dieux! eſt il poſſible, ô deuoir, ô nature!
Mais ſur quoy fondent-ils cette horrible impoſture?

HERMINE.

La Reyne qui ſouuent me parle à cœur ouuert
Ne m'a pas iuſqu'icy ce ſecret deſcouuert,

Mais ce qui vous doit perdre auec plus d'aparence
C'eſt le Camp qui murmure, auec trop d'aſſeurance,
Et la temerité de voſtre Baiazet
Qui deuoit moderer ſon courage indiſcret
Ruſtan, vit bien encor, mais ſa bleſſure eſt telle
Que d'vn commun accord on la iuge mortelle
Depuis qu'il eſt au lit de tous les ſens perclus
Son ſang quand par la playe on arreſte ſon flus
Eſchape par le nez, les oreilles, la bouche
Et s'ouure cinq canaux, pour vn ſeul qu'on luy bou-
che.

MVSTAPHA.

Il ſema des malheurs il en cueille le fruit.

HERMINE.

Seigneur parlons plus bas, quelqu'vn à fait du bruit
C'eſt Oſman qui m'appelle, adieu ie me retire,
La Reyne m'enuoyoit ſous couleur de vous dire
Qu'auſitoſt que Deſpine aura changé d'habits,
Ie vous l'ameneray comme on me la permis.

MVSTAPHA, ſeul.

Il n'en faut point douter quelque rang que ie tienne
La mort de ce meſchant aduancera la mienne,
Et Baiazet luy meſme, en penſant m'obliger
Me fait pluſtoſt courir à l'extreme danger,

O Ciel! mon seul espoir & mon dernier refuge
Puis que mes ennemis ont preuenu mon Iuge,
Entreprens ma deffence & montre à l'vniuers
Que tu n'aßistes point aux conseils des peruers,
Ou si par les raisons d'vne sagesse occulte
Le sang de l'innocent doit calmer ce tulmulte,
Contente toy du mien, & conserue aux humains
L'ouurage le plus beau, qu'ils ayent eu de tes mains.
Espargne ma Despine, ah ie l'a voy venir
O Dieux!

SCENE III.

MVSTAPHA, DESPINE, HERMINE,

HERMINE.

NE craignez pas de vous entretenir
Ie me tiendray si loin & de l'vn & de l'autre
Que ie n'entendray point son discours ny le vostre.

DESPINE.

Et bien cruel autheur de tous nos deplaisirs
Nous allons contenter tes iniustes desirs,
C'est trop peu que nos mains aux septres destinées
Ayent esté deuant toy par les tiens enchainées,
Il te faut faire aux yeux de ta barbare Cour
Un spectacle d'horreur, d'vn miracle d'amour.
Il faut qu'en ton Palais ou i'ay fait vne entrée
Digne de l'equipage ou tu m'as rencontrée,
Ie vomisse à la fois l'ame, & le sang Royal
Afin d'en assouuir ton esprit desloyal,
Desia par tes mespris à tous maux preparée
I'aproche de la fin que tu m'as procurée,
Et l'on ne m'a presté ces hàbits eclatans
Que pour en faire honneur à la mort que i'attens.
Tu me vois maintenant semblable à ces victimes
Que l'on paroit iadis pour expier les crimes,
Ie leur suis toutefois dissemblable en ce point
Que les tiens par mon sang ne s'effaceront point,
Au contraire, Assassin, si l'on croit sur la terre
Qu'il regne vne Iustice au dessus du tonnerre,
Le Ciel par tes remors, & ses foudres grondants
Te doit persecuter & dehors & dedans,
Mesme ne pense pas que tes actes perfides
N'esmeuuent tost où tard le sang des Arsacides,

M iij

Qui le fer à la main viendront vanger sur toy
Ton excez d'insolence & ton manque de foy.
Ne pouuois tu chercher l'amitié Paternelle
Qu'en faisant à ma gloire vne tache eternelle,
Deuois tu l'achepter au prix de ma pudeur?
Moy qui brulois pour toy d'vne si saincte ardeur
Moy qui venant t'offrir mon cœur, & mes Prouin-
ces
Croyois treuuer en toy la merueille des Princes,
Assassin, qui me dois la franchise & le iour
Par les droits de la guerre, & les loix de l'amour.

MVSTAPHA.

Ie l'auouë, & veux bien belle & grande Princesse
Commencer mon discours par ou le vostre cesse,
Ouy, ie vous doy la vie, & l'accomplissement
De ce que vous promit mon amoureux serment
En fin ie vous doy tout, mes l'excez de mes dettes
Vous peut-il excuser du tort que vous me faites?
Doit-il authoriser les outrages sanglants
Que font à mon honneur vos transports violents?
Ie ne reçois de vous à toutes mes aproches
Que mespris eternels, & qu'eternels reproches.
Vous appellez sur moy la cholere des Dieux
Et prenez tant de peine à me rendre odieux.
Que ces mots de meschant, d'ingrat & de pariure,
Me sont dans vostre bouche vne vulgaire iniure,

Cependant il est vray que ie ne suis rien moins
Et bien tost mes malheurs vous en serout tesmoins,
Mais quoy que le repos regne en ma conscience
Si ne puis-ie endurer auecque patience
Des termes dont vn iour vous vous repentirez,
Auec plus de raison qu'ils ne sont proferez,
Sur tout ie sens le coup d'vn poignard qui me frappe
A ce mot d'Assassin, alors qu'il vous eschappe,
C'est de voftre iniustice, & de voftre rigueur
Le trait le plus mortel, qui m'ayt percé le cœur
Outre qu'auec horreur, mon esprit se figure
Qu'il est de consequence, & de mauuais augure,
Ne me donnez donc plus ô Reyne des beautez
Destiltres si facheux, & si peu meritez,
Mais plustost s'il vous plaist commencez à m'a-
    prendre
Des secrets que ie brusle, & que ie crains d'entendre,
Rendez sur voftre sort, mon esprit esclaircy
Quel sujet vous ameine, & vous retient icy,
Bref perdez tout à fait mon ame espouuentée
Ou l'oftez du dedale, ou vous l'auez iettée.

DESPINE.

Ah l'innocent esprit!

MVSTAPHA.

Quels maux ay-je donc faits?

DESPINE.

Traiſtre tu fais ſemblant d'ignorer tes forfaits
Pour y pouuoir encore adiouſter l'impudence
Comme ſi leur merite eſtoit en l'abondance.

MVSTAPHA.

Et bien puis qu'il vous plaiſt ie ſuis traiſtre im-
  poſteur
Deſloyal, homicide, impudent & menteur,
Mais auec tout cela ie ne connoy de crime
Que la neceßité du malheur qui m'opprime.

DESPINE.

Ie voy bien, tes forfaits te ſemblent tous ſi beaux
Que pour auoir ſuiet de les trouuer nouueaux,
Ou de t'imaginer que tu les faits encore
Tu veux en les niant qu'on te les rememore,
Ainſi les grands voleurs au meurtre abandonnez,
Se plaiſent au recit des coups qu'ils ont donnez,
Soit donc puis qu'il te plaiſt que ie t'en entretienne
Prens encor cette gloire aux deſpens de la mienne,
Quoy deſchirer ma lettre auec brutalité
Dire à mon Gouuerneur indignement traité,
Que tu ne connois point cette foy d'Hymenée
Que tu t'en mocquerois quand tu l'aurois donnée,
                                        Parler

Parler de mes faueurs en termes mespriſants
En faire le rieux , auec tes Courtiſant.
Et traiter en Eſclaue vne fille Royalle,
N'eſt-ce rien , ame laſche , ingrate , & deſloyale ?
Sont-ce des actions que tu puiſſes nier ?
Ou qu'vn ſeul demy iour t'ayt deu faire oublier?
Bien bien , reſiouis toy d'vn ſpectacle barbare
I'ay voulu rechercher la mort qu'on me prepare
Ayant ton Pere meſme à ma perte animé,
Afin qu'il me puniſt de t'auoir trop aymé.

MVSTAPHA.

Madame arreſtez vous , ſi vous n'auez enuie
Que ie perde a vos yeux , & le ſens, & la vie
Ie ſens le deſeſpoir, & ce qu'il fait d'efforts
Quand par les maux de l'ame , il ſurmonte le corps,
Ah Dieux ! mais dites moy, quel monſtre entre les
    hommes
A ſemé le deſordre, & l'erreur ou nous ſommes ?
Quel meſchant impoſteur, ou quel mauuais demon
A pris pour vous tromper ma figure & mon nom?
Si i'ay receu de vous , ny lettre, ny meſſage,
Si loin d'auoir tenu ce damnable langage
Ie n'ay parlé de vous , & plus ſouuent & mieux
Que deuant les autels on ne parle des Dieux!
Si iamais i'ay conçeu cette laſche penſée
De retirer la foy, que ie vous ay laiſſée,

N

Et fur tout fi iamais (hors vn amy difcret)
Perfonne à fceu de moy noftre amoureux fecret,
Ie rends les Elements de mes crimes complices
S'ils ne s'accordent tous à faire mes fupplices
Que ceux qui vont en haut, & ceux qui vont en bas
Retournent pour me perdre à leurs premiers com-
bas,
Que le Ciel me confonde, & bref que voftre hayne
Soit mon dernier malheur, & ma derniere peine.

SCENE IV.

ALVANTE, furuenant la deffus.

Es voila mais fans doute ils ne font pas
contents
Et i'en fçay la raifon.

DESPINE.

O Ciel, & tu l'entents
Et tu ne punis pas cet impudent blafpheme?
Quoy fut-ce pas Aluante?

·ALVANTE.

Ouy le voicy luy mesme,
D'agreable nouuelle agreable porteur
Luy qui de vos ennuis fut l'innocent autheur
Ouy Madame c'est moy, c'est moy mesme & nul
    autre
Qui cause innocemment, & son trouble & le vostre,
Ayant creu que le Ciel detestoit vos amours
I'ay voulu par adresse en trauerser le cours,
Pour cette occasion i'ay vos lettres rompuës

DESPINE.

Mais par l'ordre du Prince?

ALVANTE.

Il ne les à point veuës

DESPINE.

O Dieux!

ALVANTE.

Le seul Aluante à tout fait & tout dit
Pour vous emplir le cœur de hayne, & de despit,
Mais que l'esprit humain, à peu de connoissance
Et du vouloir du Ciel & de sa prouidence,
Il luy plaist auiourd'huy d'accomplir vos desirs
Et moy qui desormais, prens part à vos plaisirs,
Ie viens vous aporter ce message de ioye
Par le commandement du Roy qui vous l'enuoye

Regardez maintenant, s'il vous faut affliger.

DESPINE.

Quels prodiges O! Dieux!

MVSTAPHA.

Ah divin messager.
Ta fourbe obtient de moy sa grace, & son excuse
Pourueu qu'en ce rencontre, vne seconde ruse
Ne me donne pas lieu de me plaindre de toy.

ALVANTE.

Non, non, sur ma parole, allons treuuer le Roy.

DESPINE.

Ie crains auec raison quelque nouuelle feinte
Car comme à t'il si tost & sa cholere esteinte,
Et porté sa pensée à me fauoriser?
Mon Pere on vous abuse, afin de m'abuser.

ALVANTE.

Ma fille, point du tout, ce vieillard venerable
Qui tantost d'vn accueil, & d'vn mot fauorable
M'a raproché du Roy dont i'estois rebuté.
A pour vos intérests si long temps disputé
Qu'enfin le Roy vaincu des raisons qu'il à dites
(Et possible en faueur de ses propres merites)

D'vne levre riante, & d'vn œil adoucy
S'est tourné deuers moy pour me parler ainsi
Va vieillard va treuuer ta belle & grande Reyne
Mon cher fils l'entretient dy luy qui nous l'ameine,
Les plus iudicieux ne me blameront point
De ioindre encore mieux ce que l'amonr à ioint

MVSTAPHA.

Dieux, d'ou vient que le dueil, comme vn subit orage
Trouble mal à propos l'air de vostre visage ?
Le soupçon de ma foy, cause t'il point en vous
Quelque iniuste regret de m'auoir pour espoux ?

DESPINE.

Au contraire Seigneur, apres la connoissance
Que i'ay de mon erreur, & de vostre innocence
Ie croy meriter moins d'estre vostre moitié.

ALVANTE.

Laissez pour d'autres temps ces combats d'amitié
Et venez ou pour vous le destin se prepare
A faire quelque chose, & de grand, & de rare,

ACTE V.

SCENE PREMIERE

SOLIMAN, MVSTAPHA, DES-
PINE, ACMAT, OSMAN.

SOLIMAN.

*Scene Equi-
noque de So-
liman.*

Vy, loin de rendre vains mille amou-
reux serments
Et donnez, & receus entre ces deux
Amans,
Loin de rompre le nœud qu'ils serrerent ensemble
Ie veux qu'vn plus estroit auiourd'huy les assemble.

ACMAT.

Ainsi vous vous donnez le repos & la paix,

SOLIMAN.

Ie le sçay bien Acmat, c'est pourquoy ie le fais
Ce n'est pas Mustapha que mon cœur n'y resiste,
Cette sorte d'hymen me deplaist & m'attriste
Mais par raison d'Estat, ie le feray pourtant
Plustost que par dessein de vous rendre content.

MVSTAPHA.

O le plus grand des Roys, & le meilleur des Peres
Ainsi vous soient tousiours toutes choses prosperes,
Comme vous obligez cette Princesse & moy
A vous garder tousiours le respect & la foy.

DESPINE.

Ah Seigneur couronnez cette faueur insigne
D'vne autre dont encor ie m'estime peu digne
Permettez qu'à genoux, ie baise encor ces mains
Sous qui tremble desia la moitié des humains.
Et qui bien tost sur l'autre estendront leurs conque-
stes.

SOLIMAN.

C'est trop il nous sied mal, sçachant ce que vous estes
De voir à mes genoux le sang du Roy Thacmas
Et de plus le suiet ne le merite pas.

Il la releue

MVSTAPHA.

Sire c'eſt à vos pieds que ie prens ia licence
D'eſclaircir voſtre eſprit auec mon innocence.

SOLIMAN,

Leuez vous, & briſons ces diſcours ſuperflus
Vous pouuez bien penſer que ie n'y penſe plus
Et verrez par vn trait bien digne de memoire
Qui ie n'en ay rien creu que ce qu'il en faut croire
Non non ne parlez plus de vous iuſtifier,
Parlons d'aller au Temple & d'y ſacrifier,
Pour obliger le Ciel à vous eſtre propice
Entrez Entrez Oſman, & bien le ſacrifice ?

OSMAN.

Sire i'en ſuis teſmoin, tout eſt preſt dez long temps
Et l'autel & le Preſtre, & les trois aſſiſtans.

SOLIMAN.

Il luy parle à l'oreille. *Oſman aprochez vous.*

DESPINE.

O l'auanture eſtrange
Dieux comme en peu de temps, la fortune ſe change!
                                    M.V.

MVSTAPHA.

Acmat cet entretien me donne à soupçonner.

ACMAT.

Pourquoy ? ie n'y voy rien qui vous doiue estonner
C'est homme est à Rustan, & le Roy ie m'assure
Luy demande en secret l'estat de sa blessure

SOLIMAN.

Faites mais promptement.

OSMAN.

Ie vay m'en acquiter.

SOLIMAN.

Un affaire pressant, m'oblige à vous quiter
Ne vous ennuyez pas couple d'Amans fidelles,
Si les presents nouueaux ont des graces nouuelles
Ie vay vous enuoyer vn meuble precieux
Qui vous doit occuper les espris & les yeux,
Vous Acmat suiuez moy, ces amoureuses ames
Pourront mieux sans tesmoin entretenir leurs fla-
mes.

O

SCENE II.

MVSTAPHA, DESPINE.

DESPINE.

Ieux, le Prince paslit ie crains quelque
　malheur
Seigneur d'ou peut venir cette morne
　pasleur.
Qui du teint de la mort à peint vostre visage?

MVSTAPHA.

Ah que ce mot encore est de mauuais presage.

DESPINE,

Quoy vous trouuez vous mal? ou si c'est qu'à mon
　tour
Il faut que ie vous fasse vn reproche d'amour?
Au lieu de tesmoigner vne excessiue ioye
Du bien inesperé que le Ciel nous enuoye,
Vostre œil s'est obscurcy, vostre teint à changé
Comme si nostre hymen vous auoit affligé.

MVSTAPHA.

Ah ne m'imposez pas vne peine plus grande
Que celle que ie sens du coup que i'aprehende,
O diuine beaute, pleut il pleut il au sort
Que vous fußiez en Perse, & que ie fusse mort.

DESPINE.

Ie ne puis deuiner quelle estrange aduantüre
Vous oblige à des vœux de semblable nature.

MVSTAPHA.

Außi n'auez vous pas obserué comme moy
Les diuers mouuements du visage du Roy,
Vous n'auez pas pris garde à ce sens Equiuoque
Qui fait qu'en nous flattant il semble qu'il se mocque.
Sur tout i'ay remarqué qu'au sortir de ce lieu
Son œil m'a semblé dire vn eternel Adieu
De rage, ou de pitié deux larmes eschapées
En ont visiblement les paupieres trempées.

DESPINE.

Mais pourquoy nous flatter, luy qui peut d'vn clin
  d'œil
Nous enuoyer tous deux de la chambre au cercueil?
Quel fruit espere-t'il d'vn si lasche artifice?

MVSTAPHA,

Le plaifir d'agrauer noftre dernier fuplice
Par le fanglant defpit, & la confufion
Qui fuiuent le mefpris & la derifion.

DESPINE.

C'eft donc moy feulement que fa hayne regarde
Car pour vous cher amant la nature vous garde
Si ce n'eft que mon crime ou pluftoft mon amour,
Ne luy foit vn fuiet de vous priuer du iour,
Ou que fçachant peut-eftre à quel point ie vous ayme
Il veuille en vous perdant perdre vn autre moy mef-
    me,
Et par ce chaftiment iniufte & non commun
Me donner deux arrefts & deux trefpas pour vn
Que fi pour vous fauuer.

MVSTAPHA.

                        N'acheuez pas le refte
D'vn difcours tout enfemble obligeant & funefte
Cette preuue d'amour en l'eftat ou ie fuis
En augmentant la mienne, augmente mes ennuis
Mais changeõs de propos, on vient d'ouurir la porte.

DESPINE.

C'eft le prefent du Roy qu'vn Page nous apporte.

PAGE.

Grand Prince en attendant vos ornements Royaux
Receuez, s'il vous plaist quelques rares ioyaux,
Que de la part du Roy i'aporte à voftre Alteffe
Pour en parer dit-il, vous & voftre Maiftreffe.

MVSTAPHA.

Il faut que le prefent foit d'vn prix nompareil
Puis que vous l'aportez, auec tant d'apareil
Leuez donc ce drap d'or & voyons ce qu'il cache.

DESPINE.

O fpectacle mortel

MVSTAPHA.

Une trenchante hâche
Des liens, & du linge à nous faire vn bandeau!
O don, fitun'es riche, au moins es tu nouueau.

PAGE.

Auec voftre congé, Seigneur, ie me retire
Mais vous comprenez trop ce que ie n'ofe dire.

MVSTAPHA

Enfin le voicy donc ce meuble precieux
Qui deuoit occuper nos efprits & nos yeux,

O iij

Quelle occupation, quel meuble, & quelle veuë
O present, dont sur tout le partage me tuë,
Present, accompagné de crainte & de terreur
Present, qui fais fremir la Nature d'horreur,
Et qui tesmoignes bien que le Ciel abandonne
Celuy qui le reçoit, & celuy qui le donne.

DESPINE.

Ces transports de douleur me semblent cher Espoux
Dignes de vostre sort mais indignes de vous,
Alors qu'en vn combat vostre extresme vaillance
Vous gagna mon estime auec ma bienueillance,
Vouc traitastes la mort auec tant de mespris
Que dezla ie vous creus, & sans peur, & sans prix,
Pourquoy n'usez vous donc de la mesme constance
En vne occasion de pareille importance?

MVSTAPHA.

Alors chere beauté, ie n'estois pas Amant
Mais la Parque auiourd'huy nous frape egalement
Et cette circonstance est le masque terrible
Qui me la fait treuuer plus dure, & plus horrible,
Il se retire en vn coin du Theatre. Voicy le traistre Osman suiuy de ses soldats
Serrez vous contre moy.

SCENE III.

OSMAN, MVSTAPHA, DESPINE.

OSMAN, à ses satellites.

Vs donc ny manquez pas.

MVSTAPHA.

Osman, n'aprochez point faites moy cette grace.

OSMAN.

Seigneur excusez moy, s'il faut que ie le fasse
C'est de la part du Roy.

MVSTAPHH.

    Ie dois croire que non
Puis que le Roy mon Pere est trop iuste & trop bon
Pour me faire mourir contre toutes les formes
Et creut-il mes forfaits encore plus enormes.

OSMAN.

C'eſt ſon ordre pourtant & vous le ſçauez bien.

MVSTAPHA.

Ie vous ay deſia dit que ie n'en croyois rien.
C'eſt l'ordre des meſchans à qui l'affaire touche
Ie n'en receuray point que de ſa propre bouche,
Et ſi quelqu'vn de vous entreprend d'aprocher
Il ne fit iamais pas qui luy couſtat ſi cher.

OSMAN.

Faire rebellion, & ſe mettre en defence
C'eſt vouloir entaſſer offence ſur offence
Et vous ferez bien mieux.

MVSTAPHA.

Impudent diſcoureur.
Tu ſçauras ſi mon bras.

OSMAN.

Euitons ſa fureur.

MVSTAPHA.

La cholere m'emporte à l'aſpect de ce traiſtre
Qui trempe à noſtre mort auſſi bien que ſon maiſtre.

DESPINE.

Telle eſtoit des Heros la vaillante chaleur
Mais quand noſtre puiſſance eſgaleroit la leur,

Il va pour fraper Oſman.

Pouuons

Pouuons nous tenir bon en l'estat ou nous sommes
Contre vn Roy qui commande à tant de milliers
   d'hommes,
C'estoit à vos amis à faire souslouer
Et le Camp & la ville, afin de nous sauuer
Mais ne l'ayant pas fait nostre esperāce est morte,

MVSTAPHA.

On ne presseroit pas mon trespas de la sorte
Si le Roy n'auoit crainte, ou s'il ne connoissoit
Qu'on veut me deliurer à quel prix que ce soit
Si bien que mes amis par des soins qui me nuissent
Auancent les desseins de ceux qui me destruisent,

·DESPINE.·

Grand Dieux c'est maintenant que nous sommes
   perdus
Nos ennemis plus forts viennent les arcs tendus.

P

OSMAN, & ſes Soldats pour la
deuxieſme fois.

SCENE IV.

OSMAN.

Duancez Compagnons la fleche ſur la
    corde
Et tirez ſans reſpect ou ſans miſericor-
    corde,
Suiuant l'ordre du Roy, qu'il faut effectuer
Nous deuons à ce coup les prendre, ou les tuer.

MVSTAPHA.

Commencez donc Meurtriers, couurez moy de vos
    fleſches
Afin que mon eſprit ſorte par mille breſches,
Mais pour me prendre vif, n'aprochez point de
    moy
Ou le fer que ie tiens

SOLIMAN, mettant la teſte
à la feneſtre.

Muſtapha!

DESPINE.
                    C'eſt le Roy
Voyez, à la feneſtre.

MVSTAPHA.

            Ouy c'eſt luy qui m'apélle.

SOLIMAN.

Vous faites hors de temps, le braue, & le rebelle
Deſormais ces efforts ſont vains, & ſuperflus
Donnez donc voſtre teſte & ne conteſtez plus.

MVSTAHA.

Ah Sire s'il eſt vray que vous m'ayez fait naiſtre
Mais le cruel qu'il eſt à fermé la feneſtre
De peur que mon diſcours, ne vint à l'emouuoir.

SOLIMAN.

Ie l'ouure encore vn coup pour vous faire ſçauoir
Que ſi i'entens de vous ny murmure ny plainte,
Si le moindre des miens en reçoit vne attainte
Le corps de voſtre Amante expoſé tout vn iour
Seruira de ſpectacle aux Pages de ma Cour.
                        P ii.

MVSTAPHA.

O menace effroyable ! ô rigoureux suplice.

DESPINE.

Il sufit, qu'on vous traicte auec peu de Iustice
Sans qu'on me traicte encore auec indignité,
Mais cedons cher Amant à la necessité,
Quittez donc cette hache, en qui vostre innocence
Ne rencontre aussi bien qu'vne foible defence
Non non, à mon aduis, il est plus à propos
Tant pour nostre vertu que pour nostre repos,
D'apriuoiser la Mort en payant de constance
Que de l'effaroucher en faisant resistance,
Mettez les armes bas, vn semblable malheur
A besoin de constance, & non pas de valeur,

OSMAN.

A ses Soldats. *Enfin il se rendra.*

MVSTAPHA.

Bien donc ie m'abandonne
Osman fay desormais ce que le Roy t'ordonne.

VN SOLDAT.

Seigneur ou vous lira si vous le permettez.

MVSTAPHA.

Accablez moy de fers, prenez vos seuretez
Pourueu que par ma charge elle soit soulagée.

DESPINE.

Non non, ie ne veux point ny leur estre obligée
Ny souffrir en mourant vn traitement plus doux
Que celuy que leurs mains exercent enuers vous.

On les lie se-
parement.

MVSTAPHA.

O! mes fiers ennemis quel demon vous conseille
De perdre auecque moy cette rare merueille
Elle qui ne deuoit en aucune façon
Vous mettre dans l'esprit la crainte ou le soupçon,
Elle qui parmy nous n'eut empesché personne
D'affecter les honneurs, les biens, ou la Couronne,
Elle enfin dont le crime est de m'auoir chery
Si c'est crime d'aymer vn malheureux Mary,
Ainsi mon seul respect vous la rend criminelle
Et par contagion mon malheur passe en elle.

Il dit ces vers
regardant à la
fenestre ou à
l'endroit ou
Soliman à pa-
ru, car cela
s'entent de
Rustan, & de
la Sultane.

DESPINE.

C'est plustost nostre hymen qui vous rend criminel
Et qui vous fait l'obiet du courroux Paternel,

Icy le Page
cutte,

P iii

Ainsi l'ardente amour que vous m'auez portée
A causé voſtre perte, & l'a precipitée,
Mais vn Page du Roy tire Oſman à quartier
Ne deſeſperons pas, il luy donne vn papier.

MVSTAPHA.

Noſtre ſort en tout cas ne ſçauroit eſtre pire.

OSMAN.

Ouy Page on le fera ſelon qu'il le deſire.

MVSTAPHA.

Et bien que veut le Roy?

OSMAN.

Il luy preſente le billet.

       Voyez le s'il vous plaiſt.

MVSTAPHA.

Muſtapha lit. Oſman, depeſchez vous;

DESPINE,

O Dieux!

MVSTAPHA.

       Ie ſuis tout preſt

Il paſſe le premier & rentre. L'eſchafaut eſt-il loin?

OSMAN.

      Dans la ſalle prochaine.

MVSTAPHA.

Nous irons à la mort auecques moins de peine.

SCENE V.

SVLTANE, ORCAMBRE.

ORCAMBRE.

*Vis qu'elle veut sçauoir les secrets de
    mon Art*
Pour luy me (dit il) ce liure de ma part,
*Dont les sacrez feuillets sont autant de
    peintures,*
Qui luy marquent au vray toutes ses aduentures
Sous des portraits obscurs ou l'on ne connoit rien
Et sous de naturels ; qu'elle connoistra bien
C'est ainsi que le Ciel à permis qu'elle voye
Ce qui peut aduancer sa tristesse ou sa ioye,
Et bien l'auez vous veu ?

*Elle entre tri-
stement auec
vn grand liure
à la main*

SVLTANE.

Ie l'ay veu, ie le voy
Et ne trouue par tout que des sujets d'effroy.

Mais apres ceste triste & derniere figure
Quels mots treuue-ie escrits?

ORCAMBRE.

Faites en la lecture.

SVLTANE.

ORACLE.

De ces portraits obscurs, & si mal figurez
Le visage inconnu deuiendra connoissable

La Reyne lit tout haut ces Vers.

Quand de sa propre main, la Parque impitoyable
Du sang de ton cher fils les aura colorez.

O detestable Oracle, O Mere infortunée
Par la mort de tes fils, à la mort destinée,
Donc mon dernier espoir, mon aymable Selin
Aura comme son frere, vne tragique fin,
Celle de Mustapha, que i'ay tant poursuiuie
N'asseurera donc pas ma fortune & sa vie,
Ah crainte, ah desespoir, ah mortelle douleur!
O Liure qui predis, & qui portes malheur
Non tu ne fus iamais vn ouurage Celeste
Va reporte aux Enfers ta peinture funeste,
Ah Dieux que rudement vous me voulez punir
Du soin trop curieux d'aprendre l'aduenir.

ORCAMBRE.

Madame Hyarbe est homme.

SVL.

SVLTANE.

Ouy mais homme Prophete,
Des volontez du fort veritable interprete
Et tel pour mon malheur, que viuant comme il vit
Il oblige le Ciel à faire ce qu'il dit.

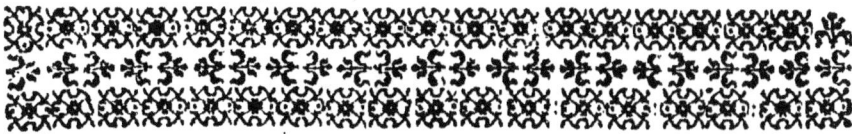

SCENE VI.

HERMINE, ALICOLA, SVL-
TANE, ORCAMBRE.

HERMINE.

 A bonté pour le moins fait que ie m'i-
magine,
Que vous luy parlerez.

ALICOLA.

Suffit.

REYNE.

Et bien Hermine
Ruſtan, eſt il touſiours comme ie l'ay quité?

Parlant à la vieille qu'elle le introduit pour parler à la Reyne, il faut qu'elles entrent ſur le Theatre par le meſme endroit que Muſt. ſera ſorty pour aller à la mort

Q

HERMINE.

Plus foible, & plus muet qu'il n'a iamais esté
A peine sa vigueur pouuoit elle suffire
A trois ou quatre mots, qu'il s'efforçoit d'escrire.

SVLTANE.

Et le Roy que fait-il?
HERMINE.

        Il vient de s'enfermer
Auec vn desespoir qu'on ne peut exprimer,
Car plus la bienseance à ses douleurs contraintes
Plus il pousse en secret, de souspirs & de plaintes

SVLTANE.

Et le Prince?
HERMINE
    Ah Madame il est mort autant vaut.

SVLTANE.

O Dieux!
HERMINE
   Desia Despine, estoit sur l'eschaffaut
Les cheueux retroussez, & les espaules nuës
Quand cette femme & moy, nous en sommes venues.
SVLTANE.
Quelle femme?

HERMINE.

Aduancez.

SVLTANE.

Qu'elle aduance, & pourquoy?

ALICOLA.

Pour la gloire du Ciel, pour le repos du Roy,
Pour celuy de l'eſtat, & de ma conſcience.

ſe iettant à genoux.

SVLTANE.

Le fait merite bien qu'on luy donne audience.
Parlez,

ALICOLA.

Mais le ſecret ne veut eſtre eſclarcy.

SVLTANE.

I'entens, retirez vous, Hermine & vous auſſi.

Parlant à Orcambre.

ALICOLA

Puiſſante Majeſté ſi l'amour ne m'excuſe
I'attens la mort de vous, & du Roy que i'abuſe,
Ce n'eſt pas d'auiourd'huy que i'ay ſceu les moyens
D'oſter à Muſtapha, les honneurs & les biens,
Ie l'ay pû dès vingt ans, mais quoy qu'il m'en ad-
uienne
Il a fait ma fortune, & i'ay ſouffert la ſienne,

Q ij

Depuis neuf ou dix ans que ie le ſuy par tout
I'ay couru l'Orient de l'vn à l'autre bout.
Et ie venois encore auec cette eſperance
De voir trembler la Perſe au bruit de ſa vaillance,
Mais helas puiſqu'au lieu d'aſſuiettir autruy
L'impitoyable Parque à triomphé de luy
Ie voy bien que le Ciel à permis ſa diſgrace
Afin que le fardeau du grand Sceptre de Trace,
Qu'il deſtine à regir l'vniuers tout entier
Ne chargeât point les mains d'vn iniuſte heritier.

SVLTANE.

Comment! oſez vous bien, encore en ma preſence
Vous moquer de moy meſme, auec tant d'impudēce?

ALICOLA.

Il n'eſt point fils de Roy.
SVLTANE.

Quoy! ne ſçait-on pas bien
Qu'il l'eut de la Circaſſe vn peu deuant le mien?

ALICOLA.

Croyez qu'il n'eut iamais la Circaſſe pour Mere
Ny le grand Soliman pour veritable Pere,
L'enfant dont vous parlez (quoy qu'on vous en ayt
dit)

Mourut le mesme iour que le voftre nafquit
Si bien que la Circaffe, ambitieufe, & fine
Fit tant que la Nourrice (on l'apelle Aydine)
(Et nous nous connoiffons dez nos plus ieunes ans)
M'enuoya l'enfant mort auec force prefens
Par vn certain Efcaue appellé Cephaliffe,
Qui me dit de fa part que ie l'enfeueliffe,
Et me pria fur tout que pour le iour fuiuant
Par mon inuention il en euft vn viuant,
Ill'eut, & la Circaffe extremement adroite
Mena fi bien la fourbe & la tint fi fecrette,
Que Muftapha luy mefme à toufiours ignoré
Ce qu'apres fon trefpas ie vous ay declaré.

SVLTANE

L'aduanture eft eftrange, & l'enfant, bonne femme
Eftoit fans doute à vous?

ALICOLA,
Non, tres-puiffante Dame.

SVLTANE.

A qui donc?

ALICOLA.

Ie ne fçay.

SVLTANE.
Vous l'auiez enleué.

Peut eftre?

Q iij

ALICOLA.

Excusez moy, mais ie l'auois treuué
Ou pluſtoſt le hazard ſans que ie m'en meſlaſſe
Me l'auoit mis en main.

SVLTANE.

Ce diſcours m'embarraſſe

ALICOLA.

Ie l'eus ſans y penſer d'vn Eſclaue inconnu
En eſchange du mort que i'auois retenu.

SVLTANE,

Dieux qu'eſt-ce que i'entens, hola Valet de Chăbre.

Il ſort en haſte.

ORCAMBRE.

Que vous plaiſt-il Madame?

SVLTANE.

Aprochez vous, Orcambre
Songez, regardez bien la femme que voicy
Ne l'auez vous point veuë en d'autres lieux qu'icy?
Et toy femme dy moy pourrois tu reconnoiſtre
L'homme dont nous parlons s'il venoit à pareſtre ?

ALICOLA.

Le temps aura changé ſon viſage & le mien
Ie ne ſçay.

SVLTANE.

Regardez, considerez, vous bien

ORCAMBRE.

Madame à dire vray ma memoire m'abuse
Ouï ay de cette vieille vne image confuse

ALICOLA,

Madame, assurément sur la foy de mes yeux
Voila ce mesme Esclaue, Ouy c'est luy mesme.

SVLTANE.

O Cieux.

ALICOLA.

Celuy dont i'eus l'enfant est en vostre presence

ORCAMBRE.

Que dis-tu? Quel enfant?

ALICOLA.

Celuy que dans Bisance
Tu m'aportas viuant en de tres riches draps,
En eschange du Mort que i'auois dans mes bras.

ORCAMBRE.

Que te donnay-ie encore?

ALICOLA.

Attens, cette ceinture
Que i'ay tousiours sur moy depuis cette aduanture
Voy, la reconnois-tu?

SVLTANE.

Ciel qu'est-ce que ie voy.

ORCAMBRE.

O Sort!

ALICOLA.

Est-ce elle mesme?

ORCAMBRE.

Ouy c'est elle, ouy c'est toy
Toy mesme assurement à qui ie l'ay donnée.

SVLTANE.

Icy elle r'ef.
crie fort haut O! miserable Enfant, O Reyne infortunée.

HERMINE, sort au cry de la Reine.

Quels cris ay-ie entēdus? Madame qu'auez vous?

SVLTANE.

Helas vous l'allez voir venez, suiuez moy tous

HERMINE.

Dieux que sera cecy, le desespoir l'emporte
Mais vn Page du Roy qui l'arreste à la porte,
Luy presente vn papier, & luy parle tout bas.

OR.

ORCAMBRE.

C'est quelque autre secret que nous ne sçauons pas.

SVLTANE.

Page dites au Roy qu'en ce nouueau malheur　Apres auoir
Ie souffre autant que luy de perte, & de douleur,　leu le billet
Et que par vn effet de preuue indubitable
Il connoistra dans pеu que ie suis veritable,
Orcambre c'est de moy que vous saurez tantost
Ce que cette Estrangere à fait de son depost,
Menez la cependant dans la chambre voisine.
Enfin le Prince est mort chere & fidelle Hermine
D'où vient que par ce Page ayant sçeu son trespas.
Vn contraire dessein arresté icy mes pas,
Il est mort, & de plus O destin pitoyable!
Il est mort innocent & Rustan meurt coupable
Voy, comme ce meschant en aduertit le Roy
Par ces mots trop tardifs, & trop dignes de foy.

HERMINE, lit la lettre de Rustan mourant.

Effrayé de la peur d'vn suplice eternel
Ie confesse auoir fait la detestable lettre,
Qui rend enuers le Roy, le Prince criminel,

R

Si l'eſtat ou i'eſtois eut pû me le permettre
I'euſſe donné pluſtoſt, cet adueu ſolemnel.

Oſman auec Ormin, eſclarcira le reſte
De ce ſecret funeſte.

O Ciel il eſt tres-vray qu'vn accident pareil
Deuroit faire d'horreur eſclipſer le Soleil,
Mais à conſidererles malheurs qui le ſuiuent
Ie plains bien moins les morts, que ceux qui les ſur-
uiuent
Tant ie crains pour le Roy qu'il n'en meure d'ennuy.

SVLTANE.

Hermine, ce malheur me touche autant que luy
Que ſi par de hauts cris, & d'exceſſiues plaintes,
Ie n'en teſmoigne pas les mortelles attaintes,
Aprens que pour vn temps les extremes douleurs
Eſtourdiſſent l'eſprit, & reſtraignent les pleurs,
Suffit que Soliman auant que le iour vienne
Connoiſtra ma douleur ſi ſemblable à la ſienne
Que tel qui me deteſte, & mon ambition
Paſſera de la hayne à la compaſſion.

HERMINE.

Mais la Cour deſormais doit eſtre ſatisfaite
De la confeſſion que l'Impoſteur à faite,

Par ou vous deschargeant, cet esprit detesté
Garde encor la iustice à vostre Majesté,
Qui plaingnant Muftapha comme lefils d'vne autre
Fera ce qu'elle doit pour son bien & le noftre.

SVLTANE.

Mon dueil m'oblige bien à de plusgrands efforts
Qu'à plaindre le deftin, des viuants, ou des morts,
Icy sçauant Hyarbe, icy tes Propheties
A la derniere prés, font toutes efclaircies,
Il faut donc l'accomplir, Hermine cours en haut
Et dans mon Cabinet aprefte ce qu'il faut
Pour faire vn mot au Roy de qui ie suis en pei.ie.
Va vifte, & ie te suy.

Ces trois vers
fe difent cô-
me vn fenti-
mens caché.

HERMINE.

I'obey grande Reyne.

R ij

SCENE VII.

SOLIMAN, ALVANTE, ACMAT.

ALVANTE.

E T c'est ainsi grand Roy que pensant les
        guerir
     I'ay trauaillé moy mesme à les faire
        perir,

SOLIMAN.

Ah ie connoy trop tard qu'ils n'ont fait autre crime
Que me tenir secrette vne amour legitime,
Quels Royaumes offerts quels articles de Paix
Te pourront reparer le tort que ie te fais,
Malheureux Roy Tacmas, dont l'illustre Heritiere
A treuué dans ma Salle vn sanglant Cimetiere,
Mais puisque du malheur ie souffre la moitié
Ma propre affliction te doit faire pitié,
Tu pers ie le confesse vne vaillante fille
Et moy ie pers vn fils l'honneur de ma famille,

Si bien que l'accident entre nous diuisé
Me doit faire à ta grace vn chemin plus aysé,
Quitons donc deformais, & la hayne & les armes
Tirons au moins ce bien du fuiet de nos larmes.
Que ceux que l'Orient à tant veu quereler
S'accordent pour fe plaindre, & pour fe confoler.

ALVANTE.

Helas il n'eft plaifir en quelque temps qu'il vienne
Qui confole iamais fa douleur ny la mienne.

ACMAT, furuenant chaudement.

Sire le coup eft fait, Ofman eft arrefté
Qui confirme l'adueu de la mefchanceté,
Et iufque au moindre chef en defcharge la Reyne

SOLIMAN.

Dieux c'eft bien en cecy que la fageffe humaine,
Peut eftre comparée, à la garde d'vn Fort
Qui fur la foy d'vn traiftre indignement s'endort,
Icy fidelle Acmat fous ombre de franchife
Ces perfides flatteurs ont ma raifon furprife
O! faute irreparable!

ACMAT.

Il faut dorefuauant
Empefcher que le mal ne paffe plus auant,

R iij

Baiazet, & les siens entrez par les fenestres
Sont dans la grande Court, qui demandët les traistres
Pour moy c'est mon aduis qu'on les aille apaiser.

SOLIMAN.

Acmat suiuez, le donc, qu'on les aille exposer
Et leur dites de plus que ma douleur extresme
A leur iuste fureur m'abandonne moy mesme
Parlant d'Al- Ie m'en vay chez la Reyne enfermer mon ennuy
uante. Emmenez ce vieillard, & qu'on ayt soin de luy.

SCENE VIII.

SOLIMAN, ORCAMBRE.

ORCAMBRE.

A rencontre du Roy m'espargnera la
peine,
De le chercher plus loin.

SOLIMAN.

Que dit? Que fait la Reyne
Orcambre?

ORCAMBRE.

Puiſſant Roy, ces mots qu'elle a tracez,
Si vous daignez les voir, vous le diront aſſez.

SOLIMAN, apres auoir leu bas.

Dieux que ſera cecy! Quelle eſtrange aduanture!
Orcambre, tire moy de cette nuict obſcure.
Oſte moy du dedale ou ſe pert mon eſprit

ORCAMBRE.

Ouy Seigneur ſi ie puis!

SOLIMAN.

Oy ce qu'elle m'eſcrit.   Il liſtout auec

Lettre de la Sultane à Soliman.

Adieu mon Cher Eſpoux, mon extreme miſere
Ne peut auoir de fin qu'en celle de mes iours,
Ie ſuis de Muſtapha, la veritable Mere
Qui de ſa belle vie ay terminé le cours,
Orcambre apres ma mort, & la vieille Eſtrangere
Vous pourront eſclaircir la nuict de ce diſcours.

ORCAMBRE.

Ah Sire ce diſcours eſt de trop longue haleine
Il faut ſonger pluſtoſt à conſeruer la Reyne,

Qui doit perdre à la fois le sens, & la clarté
Si ma doute est d'accord auec la vérité.
Puisque la mort pour elle, est vn bien souhaitable
Si le mal que ie crains, se trouue veritable.

SOLIMAN.

O Ciel que de malheurs, l'vn à l'autre enchainez
Vont rendre pour iamais mes iours infortunez,
La perte de mon fils ne peut elle suffire
A destourner de moy, les restes de ton ire.
Allons, courons, Orcambre ou le sort en fureur
Nous garde encor peut estre, vn spectacle d'horreur.

**Baiazet entrant furieusement l'espée
à la main.**

SCENE IX.

BAIAZET.

*Vs sus braues guerriers, à la vangean-
ce, aux armes*
*Faisons couler vn fleuue & de sang &
de larmes,*

A C

ACMAT.

Ha vaillant Baiazet.

BAIAZET.

Acmat ne craignez rien

Ie n'en veux qu'aux meschants, & ie vous connoy
bien

ACMAT.

Grand Prince en ce peril, ma peur ny ma priere
Ne sont pas pour ma vie.

BAIAZET.

Arriere donc arriere
Car enfin vainement vous pririez pour autruy
Quoy les seuls innocens mourront donc auiourdhuy?

ACMAT.

Ie voy des Criminels les deux testes coupées
Que portent vos Soldats aux bouts de leurs espées?

BAIAZET.

Ouy, c'est teste pour teste, & trespas pour trespas
Mais les proportions ne s'y rencontrent pas,
Et pour la dignité de l'vne, & de l'autre ombre.
Il faut que leur victime ayt son prix par le nombre,

S

Il faut de mille corps en sacrifice offerts
Pour deux que nous perdons ensanglanter nos fers,
Il faut de la maraître à iamais detestée
Faire aux yeux du Tyran qui l'à trop escoutée,
Un exemple effroyable aux Reynes aduenir.

HERMINE, sortant de la Chambre de la Reyne.

Helas elle est à plaindre & non pas à punir
La mort de Mustapha l'a si fort affligée
Quoy que les imposteurs l'en ayent trop d'eschargée,
Que de ce gros poinçon ou brille vn diamant
Qui de ses beaux cheueux fut le riche ornement,
Se transperçant le cœur d'vne main violente
Elle à fait vn passage à son ame innocente.

BAIAZET.

Quoy vos yeux sont tesmoins qu'elle à perdu le iour ?

HERMINE

Et passéchez les morts sans espoir de retour.

ACMAT.

O fortune !

HERMINE.

Et le Roy qui se lasse de viure.

Si l'on n'y met bon ordre est tout prest à la suiure.

BAIAZET.

Vous autres qui l'aymez, vous pouuez, s'il vous
    plaist
Luy rendre ce deuoir tout iniuste qu'il est.

ACMAT.

O iour noir d'accidents, horribles & funestes!
Solyman, Solyman, qu'as tu fait aux Celestes?

BAIAZET, aux siens.

Compagnons suiuez moy! perdons, saccageons tout
Desertons ce Palais de l'vn à l'autre bout,
Que tous les seruiteurs, & les proches des Traistres
Portent l'iniquité des parents & des Maistres,
Que l'ardeur de tuer par le meurtre croissant
Confonde le coupable auecques l'innocent.
Et que cette vangeance, en cruautez celebre
Soit à nostre Heros vne pompe funebre,
Mesme afin qu'vn si iuste & si prompt châtiment
Passe iusqu'aux suiets priuez de sentiment,
Que le perfide sein de cette Terre infame
Soit laué par le sang & purgé par la flâme.

FIN

www.ingramcontent.com/pod-product-compliance
Lightning Source LLC
Chambersburg PA
CBHW050016100426
42739CB00011B/2668